Zu diesem Buch

In der letzten Zeit häufen sich Berichte in den Medien, in zunehmendem Maße seien Kinder in Gefahr, tablettensüchtig zu werden; der Griff zur Beruhigungspille vor dem morgendlichen Abschiedskuß sei für viele Eltern fast schon selbstverständlich. Sie wissen nicht, wie sie die Schulangst, die Konzentrationsschwäche und Nervosität ihrer Kinder anders bekämpfen können, und sie möchten doch ihren Kindern auf jeden Fall alle Startchancen in unserer schulleistungsorientierten Gesellschaft bieten. Daß sie damit möglicherweise einen bedrohlichen Abhängigkeitskreislauf in Gang setzen, ist ihnen nur selten bewußt.

Else Müller arbeitet schon seit vielen Jahren mit Kindern und Jugendlichen, um mit einem auf diese Lebensalter zugeschnittenen Übungsprogramm körperliche und seelische Streßsymptome abzubauen.

Else Müller, geboren 1934 in Frankfurt/M. (zwei erwachsene Töchter) war von 1962 bis 1975 an der Frankfurter Volkshochschule im Rahmen der Frauenemanzipationsarbeit leitend tätig. 1977 Examen als Sozialarbeiterin an der Fachhochschule für Sozialarbeit. 1979 Examen als Diplom-Pädagogin an der Frankfurter Universität.
Initiatorin der Familientherapeutischen Praxis Frankfurt e. V. Vier Jahre Therapeutin in einer psychosomatischen Klinik. Seit 1979 eigene Praxis für Psychosomatik. Kurse für Autogenes Training, Atemtherapie, Meditation und Lehrerfortbildung.
Außerdem bei Rowohlt erschienen:
«Bewußter leben durch Autogenes Training und richtiges Atmen» (rororo sachbuch 7753).

Else Müller
Hilfe gegen Schulstreß

Übungsanleitungen zu Autogenem Training,
Atemgymnastik und Meditation

Übungen zum Abbau von Aggressionen,
Wut und Spannung

für Kinder und Jugendliche

Rowohlt

Ich danke Monika Müller und Angelika Hübner sowie der
Jugendgruppe der Katholischen Familienbildungsstätte Nordweststadt,
die sich mit viel Geduld als «Fotomodelle» zur Verfügung stellten.
Diese Arbeit hat uns allen aber auch großen Spaß gemacht.

29.–31. Tausend April 1997

Originalausgabe
Veröffentlicht im Rowohlt Taschenbuch Verlag GmbH,
Reinbek bei Hamburg, Dezember 1984
Copyright © 1984 by Rowohlt Taschenbuch Verlag GmbH,
Reinbek bei Hamburg
Umschlaggestaltung Peter Wippermann/Jürgen Kaffer
(Illustration: Mike Loos)
Redaktion Beate Laura Menzel
Satz Sabon (Linotron 202)
Gesamtherstellung Clausen & Bosse, Leck
Printed in Germany
1290-ISBN 3 499 17877 X

Inhalt

Übungen zum Abbau von Aggressionen, Wut und Spannungen 107

Meditation für Kinder und Jugendliche 111

Der Körper als das wahre Selbst,
als Werkzeug des Ichs.

Alexander Lowen

Vorwort

Dieses Buch ist aus meiner mehrjährigen Arbeit mit Kindern und Jugendlichen entstanden. In einer Frankfurter familientherapeutischen Praxis, die ich mitbegründete, sammelte ich erste praktische Erfahrungen mit Autogenem Training (AT) in der Kinder- und Jugendpsychotherapie.

Die Mehrzahl der Kinder und Jugendlichen kamen auf Anraten ihres Arztes, eines Lehrers oder der Eltern in die Praxis. Die Altersgruppe zwischen 10 und 12 Jahren war am häufigsten vertreten. Aber nicht nur Schulkinder, auch bereits Kindergartenkinder sind unruhig, nervös, oft aggressiv oder ängstlich, leiden unter Bauchschmerzen, Kopfschmerzen und können oft schlecht schlafen. Sie leiden auch unter Konzentrations- und Lernstörungen, die bei Schülern häufig einen Leistungsabfall in der Schule zur Folge haben. Immer mehr Kinder sind den hohen Leistungserwartungen und -forderungen einer mehr an materiellen Werten ausgerichteten Gesellschaft, die sich nicht mehr an den individuellen Bedürfnissen des Menschen orientiert, nicht gewachsen. Die Kinder sind ver-stört. Ihr Körper und ihre Seele reagieren gekränkt. Das Denken, Fühlen und Wollen klafft auseinander.

In der Hektik und im Streß geht die Fähigkeit zur Muße verloren. Es fehlt die ausgewogene Balance zwischen Anspannung und Entspannung. Kinder geraten oft an die Grenzen ihrer Kräfte, ihres Seins.

Dieser Verlust des inneren Gleichgewichts, der eigenen «Mitte», muß kein unabwendbares Schicksal bleiben. Dieses Buch bietet «Hilfen zur Selbsthilfe» und gibt Kindern und Jugendlichen die Möglichkeit, neue Kräfte zu schöpfen, zu sich «selbst» zu kommen und ihren Alltag, ihr Leben «sinn-voller» zu gestalten.

Die erschreckenden Nachrichten in den ersten Januartagen des Jahres 1984 in den Medien, daß etwa bis zu 35 Prozent aller Schulkinder Aufputsch- oder Beruhigungspillen nehmen zur (vermeintlichen) Leistungssteigerung, zwingt zu Gegenmaßnahmen.

Der lockere Griff zur Tablette, von Ärzten verschrieben, kann aus dem «verführten» Jugendlichen einen tablettenabhängigen Erwachsenen machen. Der Umsatz an Beruhigungsmitteln in der BRD spricht eine deutliche Sprache. Der Versuch, jedes Problem mit einem «Hilfsmittel» lösen zu wollen, zeigt sich auch an dem steigenden Verbrauch von «leichten» Drogen wie Alkohol, Zigaretten, Kaffee, Haschisch und den harten Drogen wie Heroin und Kokain. Erwachsene dienen leider auch hier als «Vor-Bilder» von Kindern und Jugendlichen.

Die in diesem Buch beschriebenen Entspannungs- und Konzentrationsübungen und Methoden zur Selbstentfaltung können allerdings echte Krankheiten nicht «heilen». Das Erforschen jeder Störung, jeder Krankheit, ihre Ursache und Entstehungsgeschichte darf nicht vernachlässigt werden. Auch kann man mit diesen Methoden weder die Schule ändern, noch in das gesellschaftliche System verändernd eingreifen. Aber man kann bei seinem eigenen Leben anfangen und damit Einfluß auch auf andere nehmen. Denn: Nur wenn ich mich ändere, ändert sich auch meine Umwelt.

Kinder und Jugendliche, mit denen ich therapeutisch gearbeitet habe, zeigen ein auffallend verändertes psycho-soziales Verhalten.

Sie sind ruhiger und gelassener in kritischen, belastenden Lebenssituationen. Sie liefern sich dem allgemeinen Streß weniger aus als ihre Mitschüler. Sie lassen sich vom Leistungsdruck und -zwang nicht «fertigmachen».

Sie lassen sich ihre Identität nicht von einer Notengebung in Frage stellen. Sie bleiben sie «selbst». Sie werden nicht zum «Produkt» von Noten und Leistungsnachweisen, an denen sich nur zu oft auch die Anerkennung und Liebe ihrer Eltern orientiert.

Ich erlebe immer wieder, daß die Jugendlichen aus den AT-Gruppen über mehr Selbstbewußtsein verfügen, daß sie in die Lage versetzt worden sind, das Gefühl der Ohnmacht der Institution Schule gegenüber zu verlieren. Sie lernen, ihre Interessen engagierter zu vertreten. Sie setzen sich zur Wehr bei zu hohen elterlichen Forderungen. Sie werden konfliktfähiger, da sie sich ihrer «selbst bewußt» werden. Sie lernen zu erkennen, wer sie sind und was sie wollen. Ihre Selbstsicherheit wächst durch ihre Erfahrung und ihr Wissen, daß sie in der Lage sind, sich mehr «selbstbestimmen» zu können. Sie entwickeln mehr Phantasie, um ihre eigene Zukunft selbstverantwortlich «mit-zubestimmen».

Sie fühlen eine Kraft in sich, mit Konflikten und Problemen, die zum Menschsein dazugehören, besser umzugehen.

Einleitung

Schüler und Schule

«Macht Schule krank?» Diese Frage stellen sich nicht nur die betroffenen Schüler, sondern auch viele Eltern, Lehrer und Ärzte. Gleichgültig, aus welcher Position man es betrachtet, es ist nicht zu bestreiten, daß das heutige Schulsystem die angeborene, natürliche Neugierde und Lernfreude eines Kindes nicht gerade fördert.

Das Gegenteil ist meist der Fall. In kurzer Zeit schlägt Interesse und Wissensdurst in Unbehagen, Aggression, Verweigerung und Widerstand um. Die Auswirkungen der steigenden Aggression und Zerstörungswut in den Schulen kosteten in Frankfurt im Jahr 1983 allein 2,4 Millionen Mark (Frankfurter Rundschau – 5.1.1984).

Sicher war die Schule zu keiner Zeit ein Ort des reinen Vergnügens. Sie ist ein Ort von Widersprüchen. So sind die Wünsche und Bedürfnisse der Schüler selten mit den Plänen aller schulpolitischen Institutionen in Übereinstimmung zu bringen. Lehrpläne sind an einem «Soll» und nicht am «Sein» der Schüler orientiert. Der Schüler wird gezwungen sich anzupassen, da er sonst mit repressiven Maßnahmen zu rechnen hat.

Der Schwerpunkt in der Schule liegt auf «schulisch-sachlicher Bildung und Unterweisung» und nicht auf der Erziehung zu einer ganzheitlichen Persönlichkeit, in der die kognitiven und emotionalen Bereiche des Schülers gleichgewichtig berücksichtigt und auch erweitert werden sollten.

«Kinder sind nicht Fässer, die gefüllt, sondern Feuer, die entzündet werden wollen» und «Gegängelte Kinder werden gegängelte Erwachsene», so lauten zwei Thesen von Prof. Dr. Peter Paulig: «Die Schule wird den speziellen altersgemäßen Bedürfnissen von Kindern und Jugendlichen nicht gerecht. Kindsein hat kaum noch einen Wert an sich, sondern bedeutet die Vorbereitung auf ein reibungsloses Erwachsenendasein.»

Kinder werden gnadenlos in eine «Leistungsmaschinerie» eingezwungen. Schulischer Erfolg oder Mißerfolg wird zum Indikator persönlichen Wohlbefindens, entscheidet über die physisch-psychische Gesundheit.

Das unbarmherzige Konkurrenzverhalten, das rücksichtslose Ellenbogengebrauchen geht auf Kosten eines sozialen Verhaltens; die mitmenschlichen Bezüge werden weitgehend vernachlässigt. Solidarität in der Schule ist ein nahezu unbekannter Begriff.

Es bleiben Kinder zurück, die durch die ständige Angst vor Klassenarbeiten, Noten und Prüfungen geschädigt ins «Leben» entlassen werden.

Seelische Dauerkrisen führen zu psycho-somatischen (seelisch-körperlichen) Störungen und Erkrankungen. Die wenigen Schulpsychologen sind vollkommen überfordert, die gestörten Schüler in ständig steigender Zahl zu betreuen oder gar zu «therapieren». Die schulischen Probleme bleiben bestehen, auch wenn sich die Schüler bemühen, sie zu «verdrängen». Sind sie erst einmal verdrängt, wirken sie am Ort ihrer Verdrängung, dem Unterbewußtsein, weiter.

«Die verdrängte Seite der Persönlichkeit fordert langfristig ihren Tribut, der erlebte Mangel ist ständig gegenwärtig: in der Angst, die total geworden ist; in der versteckten oder offenen Aggression; in dem Konsum von Drogen und Bergen von Süßigkeiten; in dem fortschreitenden Verfall der Lern- und Leistungsbereitschaft» (Prof. Paulig).

Die erschreckend anwachsenden Kinder- und Jugendselbstmorde sind Beweise einer Unmenschlichkeit in unserer Gesellschaft, in der die Schule ein funktionelles Organ ist.

Die Öffentlichkeit beklagt die zerstörerische Wut, die Aggressionen, die Verweigerung, den Drogenkonsum der Jugend, hat aber keine echten Alternativen anzubieten.

Prof. Paulig: «Der Schule fällt eine entscheidende Rolle zu, wenn es um die Zukunft der Menschheit geht: Chance zu kultureller Weiterentwicklung oder Rückfall in die Barbarei.»

Was Psychotherapeuten, Ärzte und Sozialpädagogen täglich beschäftigt, ist die übergroße Zahl von Schülern, die an folgenden Symptomen leiden: Ängste, Depressionen, Aggressionen, Nervosität, Hypermotorik, Konzentrationsschwäche, Lernhemmungen, Kontaktstörungen, Schlaf- und Kreislaufstörungen, Störungen im Magen- und Darmbereich, Kopfschmerzen, Migräne, Verhaltensstörungen und sogenannte Ticks und Zwanghaftigkeiten.

Kinderschutzbund alarmiert

Schon jeder dritte Schüler nimmt Aufputsch-Medikamente

OSNABRÜCK, 9. Januar (AP). Scharfe Kritik hat der Präsident des Deutschen Kinderschutzbundes, Walter Bärsch, daran geübt, daß immer mehr Eltern ihren Kindern zur Leistungssteigerung Medikamente geben. In einem in der Montagausgabe der „Neuen Osnabrücker Zeitung" abgedruckten Gespräch warnte Bärsch davor, diese „skandalöse Entwicklung" fortzusetzen.

Von den Schülern der ersten Klasse bekämen schon jetzt zehn bis 20 Prozent entsprechende Präparate. Es müsse davon ausgegangen werden, daß inzwischen 25 bis 35 Prozent aller Schüler regelmäßig Medikamente einnähmen, „um ihre persönliche Situation, wie sie oder ihre Eltern fälschlicherweise meinen, verbessern zu können".

Eine Ursache für diesen Medikamentenmißbrauch sieht Bärsch in der Lage auf dem Arbeitsmarkt. Der Zwang zum erstklassigen Schulzeugnis, um einen Ausbildungs- oder Studienplatz zu bekommen, sei inzwischen so stark, daß mit Arzneimitteln nachgeholfen werde. Bärsch wandte sich energisch gegen den Irrglauben, „die Pille könne alles erledigen". In Wirklichkeit entstehe dadurch süchtiges Verhalten. Die Einnahme solcher Medikamente verdränge lediglich manchmal die Probleme, beseitige aber nicht die Ursachen.

Bärsch trat dafür ein, die enge Kopplung zwischen Schulzeugnis und Berufslaufbahn aufzulösen. Die Betriebe sollten sich bei der Vergabe von Ausbildungsplätzen nicht in erster Linie an den Zeugnissen orientieren, sondern vielmehr in einer Erprobungsphase die Eignung der Schulabgänger für das Berufsleben untersuchen. „Das Schulzeugnis ist nicht eine Aussage über die Lebenstüchtigkeit des jungen Menschen", betonte der Präsident des Kinderschutzbundes.

Hier müssen wir Hilfen anbieten. Der Leidensdruck, unter dem die Schüler stehen, läßt kein Vertrösten auf Utopien eines befriedigenden Schulsystems zu. Es ist die Aufgabe eines jeden, mit seinen Möglichkeiten dagegen anzugehen.

Ich bin diesen gesellschaftlichen Widersprüchen täglich ausgesetzt. Ich sehe Institutionen, die Menschen krank machen. Ich sehe politische Fehlentscheidungen, die ich auch als Wähler nicht beeinflussen kann, ich erlebe meine tägliche Hilflosigkeit. Aber ich fühle mich verpflichtet, *meine* Möglichkeiten an Hilfe anzubieten.

Die «äußeren» Begrenzungen des Individiums dürfen nicht zu einer völligen «inneren» Begrenzung führen. Ich hoffe, trotz allem, immer wieder auf die große Kraft des inneren, psychischen Wachstums, das Menschen befähigt, für ihre subjektiven Interessen, für lebenswerte soziale Lebensbedingungen, einzutreten. Ich bin davon überzeugt, daß ein Mensch, der alle seine Ressourcen kennt und nutzt, nicht nur sich selbst, sondern auch seine Umwelt verändert.

Ich glaube an das «Prinzip Hoffnung». Ich vertraue auf die Selbstheilungskräfte des Menschen. Und ich hoffe, meine Leser durch dieses Buch mit dieser Hoffnung «anstecken» zu können.

Seelenlähmung oder
die Angst vor der Freizeit

Ein sechzehnjähriger Schüler meinte neulich: «Eigentlich soll doch das Wochenende der Erholung dienen, aber meistens langweile ich mich da am meisten. Ich faulenze den ganzen Tag über, abends geh ich in die Disco oder ins Kino. Im Nu ist so ein Wochenende rum, und es ist nichts los gewesen.»

Eine siebzehnjährige Schülerin meinte: «Der Sonntag ist für mich der langweiligste Tag in der Woche. Alle sagen, der Sonntag wäre der schönste Tag in der Woche, find ich gar nicht.»

Die Berichte sind fast endlos fortzusetzen, und nicht nur Jugendlichen geht es so. Die chronische Langeweile am Wochenende, in der freien Zeit überhaupt, hat häufig negative Folgen. Aggressive, auch kriminelle Handlungen am Wochenende sind immer häufiger festzustellen. Lehrer beobachten am Montag eine auffallende Leistungsminderung und erhöhte Spannungen. Die «Montagsproduktion» der Fertigungsindustrie hat keinen guten Ruf. Das alles geschieht nach einem Wochenende, das doch der Erholung und Regenerierung dienen sollte.

Die technische Entwicklung, die fortschreitende Automatisierung, führt zu einer sich ständig wiederholenden, monotonen Tätigkeit. Arbeit verliert zunehmend ihre ethische Bedeutung. Sie verkommt in vielen Bereichen zu «seelenlosen» Handreichungen, bei denen der Mensch den «Sinn» seines Tuns, das Endprodukt seines Arbeitseinsatzes, nicht mehr wahrnehmen kann. Der Mensch wird nur noch zum Überwacher hochtechnisierter Betriebsanlagen. Er hat kaum eine Chance, kreativ an der Herstellung des Produktes mitzuwirken. Arbeit ist keine Lebensaufgabe mehr, sie ist nur mehr ein Job. Das Computerzeitalter, in das die heutigen und kommenden Generationen hineingeboren werden, ist in seiner soziokulturellen Bedeutung in kaum einer Wissenschaftstheorie Objekt einer umfassenden Untersuchung. Das Ausmaß und die Folgen sind in ihrer ganzen Tragweite noch nicht erfaßbar. Und dennoch ist derjenige froh, der überhaupt noch einen Arbeitsplatz hat. Die Angst vor weiteren Rationalisierungen in der Arbeitswelt wird zu einem ständigen Wegbegleiter. In Zeiten bedrohlich wachsender Arbeitslosigkeit geht ein essentieller Lebenssinn verloren. Arbeitslosigkeit ist Selbstverlust.

Sinn-entleerte, innerlich leer-lassende Arbeit, verlangt nach einem Ausgleich. Den hofft der Mensch in seiner freien Zeit zu finden. Hier meint er, einen «Sinn» seines Lebens finden zu können. Aber gerade im Umgang mit der Freizeit liegen schwerwiegende Probleme. Nach einem Tag, nach einer Woche langweiliger, stumpfsinniger Arbeit wird die Kluft zu einer kreativen, befriedigenden Tätigkeit in der Freizeit nahezu unüberbrückbar. Der Arbeits-Mensch kann sich selten nahtlos in einen produktiv-kreativen Freizeit-Menschen verwandeln.

Die häufigsten Freizeitbeschäftigungen dienen der reinen Zerstreuung, der Ablenkung. Hier hat sich eine ganze Industrie etabliert, die gut am Unvermögen, selbstständig und sinn-voll seine Freizeit zu gestalten, verdient. Zerstreuungen sollen ablenken von dem Verlust innerer Befriedigung durch sinn- und lebensvolle Freizeitbeschäftigung. Doch all diese Zerstreuungen vergrößern nur die Unzufriedenheit und die Langeweile. Die Flucht durch den Konsum von Medienunterhaltung bringt keine Erleichterung, keine wirkliche Entspannung. Musikberieselung verschleiert die innere Leere. Drogenkonsum zeigt die Suche nach einem Erlebnis. Die Hinwendung zu neuen Mythen gibt Aufschluß über verschüttete Wünsche und Ängste.

Sport, Autoraserei, Tourismus halten eine gigantische Industrie in Gang, die die Wünsche nach Sinn-Erfüllung der Menschen vermarktet. Freizeitbeschäftigungen können zu monotonen Abläufen werden, die denen des Berufsalltags entsprechen. Langeweile kann einen pathologischen Charakter annehmen, der zu Terror und Gewaltakten führen kann. Langeweile, die von außen verursacht wird, wird zu einer Langeweile von innen. Langeweile führt zu einer «Seelenlähmung». Die Versteinerung der persönlichen emotionalen und kreativen Befindlichkeit des Menschen ist eine Folge. Ein gelangweilter, frustrierter, auch gestörter Mensch vergißt, welch vielseitige Möglichkeiten in ihm schlummern.

Nur wenige Menschen können sich noch der Muße «hingeben», einer Muße, die passiv-aktives Aufnehmen von Sinneseindrücken und -erlebnissen beinhaltet. Muße hat nichts mit Langeweile zu tun. Sie bedeutet Entspannung und Stärkung von Körper, Geist und Seele. Sie gehört zur körperlich-geistigen Gesundheit untrennbar dazu. Muße schließt jedes zwanghafte Tun-müssen, sich beschäftigen «müssen», Zeit «vertreiben», aus. Muße hat kreative Elemente, Phantasie zum Beispiel. Die Erlebnisfähigkeit des Menschen hängt wiederum von seiner Phantasie ab. Eine lebendige, «gelebte» Phantasie ist eine unerschöpfliche Kraftquelle. Der Verlust an Phantasie führt zu einer Reduzierung des Menschseins. Denken, Fühlen und Wollen klafft bei vielen Menschen auseinander. Ihre seelische Unzufriedenheit führt zu leiblichen Befunden, zu Krankheiten.

Die in diesem Buch beschriebenen Phantasiereisen und Meditationen, Entspannungs- und Atemübungen sind wirkungsvolle Hilfen, die seelische Befindlichkeit positiv zu verändern. Sie mobilisieren die eigene, unersetzliche Phantasie als eine geistige Kraft, sie erweitern menschliches Bewußtsein, sie «nähren» Geist und Seele. Innenräume werden erweitert.

Menschen, die «bewußt» leben, entgehen einer «Seelenlähmung». Sie konsumieren nicht passiv und unkritisch die vorgefertigten Freizeitprodukte. Sie füllen «Leerräume» mit eigenem, schöpferischen Tun.*

Über die Bedeutung der Phantasie

In unserer übertechnisierten Welt verliert die Phantasie leider immer mehr an Bedeutung.

Über den Wert der Phantasie haben Philosophen und auch Psychologen aller Zeiten viel geschrieben. Die Phantasie hat eine zentrale Bedeutung im geistig-seelischen Lebensbereich des Menschen. Sie ist eine starke geistige Kraft. In meinen Kursen klagen besonders Lehrer und Erzieherinnen über einen auffallenden und sie erschreckenden Mangel an Phantasie bei Kindern. Schon viele Kindergartenkinder seien selten in der Lage, selbständig zu spielen. Spiele zu erfinden aus dem riesigen Reich der Phantasie ist ihnen kaum mehr möglich. Sie verlangen Anleitungen, Vorgaben, feste Regeln.

Wenn wir das Kind als ein Produkt der familiären Situation betrachten, liegt der Verdacht nahe, daß phantasiearme Kinder aus phantasiearmen Elternhäusern stammen. Denn Phantasie ist etwas, das «trainiert» werden muß und kann; sie verkümmert, wie Muskeln, wenn sie nicht ständig «gebraucht» wird. Kinder in der heutigen Zeit werden überfüttert durch «Medienphantasien». Die Fülle an fertigen Bildern verhindert eine Verarbeitung und läßt die eigene Phantasie verkümmern.

---

* Bitte sieh dir hierzu an: Ursula Ender – Freizeit und Langeweile

Liest man heute Kindern Geschichten oder Märchen vor, assoziieren sie diese häufig mit schon gesehenen «Fertigprodukten» der elektronischen Medien. Durch diese werden Kinder heutzutage aus ihrer eigenen «magischen» Welt vertrieben. Auch die Lust am Selbstlesen wird durch das bequeme Konsumieren der «Fertigware» reduziert. Bilder der Phantasie entstehen aber vornehmlich aus der Sprache in den Büchern. «Sprache ist eine Abstraktion aus den Erfahrungen, während Bilder konkrete Darstellungen von Erfahrungen sind.»*

Die Bilder in den Medien sind Festschreibungen, sie zeigen «Dinge». Sie werden zu Tatsachen, sind unwiderlegbar. Anders beim Lesen, wo die vielfältigen Eindrücke zu unzähligen Bildern und Symbolen verschmelzen, die dann zu neuen individuellen Phantasien werden.

Auch der häufig zu beobachtende Musikkonsum bei Jugendlichen kann einen fast suchtartigen Charakter annehmen. Sucht ist immer ein Ersatz für nicht erfüllte emotionale Bedürfnisse. Eine Musikberieselung verschleiert oft auch eine innere Leere.

Die Phantasie steht im Widerspruch zu jeder Art von Zwängen und zum rein Rationalen (Verstandesmäßigen). Sie wurzelt im seelischen Bereich. Sie ist ein, wenn auch oft unerschlossener, Bestandteil des Gefühlslebens eines Menschen. Die Erlebnisfähigkeit des Menschen hängt auch von seiner Phantasie ab. Dies gilt im besonderen für das große Reich des Eros. Viele sexuelle Konflikte und Probleme der Menschen wurzeln in der Verarmung ihrer erotischen Phantasien. Phantasie muß auch ein Stück gelebt werden.

Phantasie ist bewußtseinserweiternd. Sie ragt weit über das Tages- und Wachbewußtsein des Menschen hinaus, das nur einen Teil des ganzen menschlichen Bewußtseins ausmacht. Die einengende Sicht aus dem Tages- und Wachbewußtsein verhindert vitales, kreatives «Lebendigsein». Die Phantasie spielt auch für die Bewältigung des Alltags eine große Rolle. Durch eingefahrene Sicht- und Verhaltensweisen wird die Ein- und Übersicht in und über Konflikte und Probleme eingeengt. Die engen Raster der eigenen Verhaltensmuster lassen eine nur mehr eindimensionale Sicht frei, keine «Rund-Um-Sicht». Und nur aus dieser können Konflikte und Probleme von allen Seiten, «rund-um» betrachtet und neue Sichtweisen entwickelt werden, die auch zu einer Erweiterung von Lösungsmöglichkeiten führen. Somit können neue, dem Menschen adäquatere Verhaltensmuster entstehen.

* Neill Postman: Das Verschwinden der Kindheit. Frankfurt 1983.

Phantasievolle Menschen erleben ihren Alltag farbiger, vielseitiger. Aus vielen alltäglichen Situationen, Erlebnissen und Begegnungen gewinnen sie neue Reize und Anregungen, die ihre Erlebniswelt bereichern. Denn die wahren Abenteuer spielen sich im Kopf ab. Phantasie ist ein wesentlicher Faktor für die seelische Entwicklung und Gesundheit eines Kindes.

Die in diesem Buch beschriebenen Meditationsübungen sind eine wirkungsvolle Hilfe zur Förderung und Pflege von Phantasie und Kreativität und damit von Persönlichkeitsentfaltung und -entwicklung.

Über die Bedeutung der Konzentration

«Die Konzentration ist eine
der wichtigsten Manifestationen
menschlichen Geistes.»
Abraham Maslow

Konzentration heißt geistige Sammlung, höchste Aufmerksamkeit. Die menschliche Fähigkeit, sich zu konzentrieren, auf eine Sache für eine gewisse Weile die ganze Aufmerksamkeit hinzulenken, steht in einem direkten Verhältnis zum Lernen. Lernen bedeutet nicht nur Erwerben von Wissen, sondern auch die Fähigkeit, differenziert die Wichtigkeit der Wissensfakten zu erkennen und aus den Wissensfakten und Informationen ein strukturelles System zu flechten. Ein konzentriertes Bewußtsein erkennt wirkungsvoller die Bedeutung, Ursache oder Auswirkungen von Dingen als ein flüchtiges, zerstreutes Bewußtsein. Dieses kann nicht am «Punkt» bleiben, es gelangt nicht zum Zentrum des Geschehens, des Wissens, der Dinge. Die Konzentration geistiger Kräfte und Energien gibt den Blick in tiefe Schichten von Wissen frei.

Immer mehr Schulkinder, Jugendliche und Studenten, aber auch erwachsene Berufstätige klagen über Konzentrationsstörungen.

«Ich sitz über meinen Büchern, lese und lese, kann aber nichts behalten», diese Klage höre ich in meiner Praxis immer wieder.

Die Hektik unserer Zeit, die Reizüberflutung, der Verlust des inneren Gleichgewichts sind u. a. Ursachen für die Unfähigkeit, sich sammeln zu können. Höchste Aufmerksamkeit zur geistigen Sammlung bedarf der *inneren* Ruhe.

Viele geistig arbeitende Menschen leiden vermehrt unter ständigem Kopfdruck. Eine der gravierenden Ursachen ist die zu große Anspannung der Kopfnerven. Diese Spannung zeigt sich auch im Ausdruck des Gesichtes. Das Gesicht ist gekennzeichnet durch «gespannte Züge». Das Gesicht ist starr, oder wir beobachten die unkontrollierte Kontraktion vieler sichtbarer Gesichtsmuskeln, um die Augen etwa oder um den Mund. Die «Maske», die viele Menschen vor sich hertragen, die ihr wahres Gesicht verbergen, führt zu einem Verlust von «Lebendigkeit» der Gesichtsmimik.

Die häufig beobachtete Blässe bei Schulkindern läßt sich meist auf eine Blutleere im Gehirn, ausgelöst durch eine unzureichende Sauerstoffzufuhr wegen schlechter Körperhaltung, zurückführen. Das Gehirn muß ausreichend durchblutet werden und von den Ermüdungsstoffen entschlackt werden. Konzentrationsfähigkeit wird nur durch ein ausreichend entschlacktes und gut durchblutetes Gehirn erlangt.

Für wen sind die Übungen gedacht?

Die Übungen zum Autogenen Training, zur Atemgymnastik und zur Meditation, die in diesem Buch vorgestellt werden, sind von Kindern, Jugendlichen und auch Erwachsenen erlernbar, einzeln oder in Gruppen.

Für Kinder von etwa 8 bis 10 Jahren, (bei Eignung auch für jüngere Kinder) habe ich eine *neue Form* des Autogenen Trainings entwickelt (siehe Seite 25 ff.). Das Erlernen des Autogenen Trainings durch «bildhafte Vorstellungen», der Formelübersetzung in Symbole, ist besonders für Kinder geeignet. Das Kind lernt sich die jeweiligen Symbole bald anzueignen und in die passende Übung zu «übersetzen».

Wenn es sich z. B. den *Kreis* vorstellt, das Symbol für «Ruhe», wird sich bei einiger Übung dieser gewünschte Zustand bald automatisch einstellen. Die Schwere- und Wärmeübungen, durch verschiedene Symbole gekennzeichnet, prägen sich so leichter ein als im «klassischen» Autogenen Training.

Die Symbole wirken wie Codes, die in das Unterbewußtsein versenkt werden. Von hier heraus verstärken sie den jeweils erwünschten Zustand der Schwere, Wärme, Ruhe, einer allgemeinen, tiefen Entspannung. Eltern können diese Übungen gemeinsam mit ihren Kindern, «spielerisch» lernen. Das Kind kann nach einer Einweisung dieses kindgerechte AT selbstständig lernen und täglich üben.

Dieses AT können auch Erzieherinnen im Kindergarten mit den Kindern gemeinsam üben. Es setzt allerdings eine kindgerechte Einführung in das Prinzip des AT und seine Wirkung, in diesem Buch übersichtlich beschrieben, voraus.

Das «klassisch-modifizierte» Autogene Training (siehe Seite 75 ff) ist für Kinder ab etwa 10 Jahren, für Jugendliche und auch Erwachsene gleichermaßen geeignet, einzeln und in der Gruppe. Es ist für jede Art der Jugendarbeit und auch Gruppenarbeit mit Erwachsenen geeignet. Das soziale Klima jeder Gruppe, sei es im Kindergarten, in einer Schulklasse oder in der Erwachsenenbildung, wird durch die gemeinsamen Erfahrungen, durch das gemeinsame «Tun» verbessert. Die persönliche Konzentrations- und Lernfähigkeit wird verbessert. Jeder Übende wird seine individuelle Übungsform herausfinden. Richtig ist das, was am besten bekommt.

Dieses «Tun», ob einzeln oder in der Gruppe, ist nicht nur auf das Autogene Training beschränkt. Es gilt auch für die Atemgymnastik und Meditation, siehe auch Seite 78 ff.

Problematisch war für mich, daß ich mit diesem Buch Kinder, Jugendliche und Erwachsene gleichermaßen ansprechen wollte. Theoretische, wissenschaftliche Sachverhalte und Erklärungen erfordern ihre eigene Sprache, die aber viele jugendliche Leser überfordern würde. Deshalb habe ich mich bemüht, verständlich zu schreiben, und mußte mich in vielen Bereichen auf das Notwendigste beschränken. Gewisse grundlegende Erläuterungen und Erklärungen, auch der psycho-physiologischen Prozesse, sind aber zum Verständnis aller Übungen notwendig, wenn diese nicht zu reinen «Gebrauchsanweisungen» verkommen sollen.

Alle Übungen sind einfach und klar aufgebaut und gegliedert. Sie sind leicht nachzuvollziehen. Viele Atem- und Meditationsübungen haben Namen, die es dem Übenden erleichtern, die damit jeweilig verbundene Übung bald «auswendig» zu können. Die Abbildungen sind eine zusätzliche Hilfe zum Erlernen der Übungsabläufe.

Oft lehnen Jugendliche das systematische Erlernen von Selbstentspannungsübungen mit dem Hinweis ab, daß sie sich bei Musik oder in der Badewanne sehr gut entspannen könnten. Sicher sind das vorzügliche Entspannungsmethoden. Sie haben nur den einen Nachteil, daß sie nicht in jeder Krisensituation, in jeder «Lebenslage» anwendbar sind. Man hat halt nicht immer eine Badewanne oder einen Kassettenrecorder zur Hand, um sich schnell und wirksam bei Streß zu entspannen. Für Schule und Beruf sind Methoden nötig, die unabhängig von Zeit, Raum und Hilfsmitteln einzusetzen sind.

Autogenes Training

Was ist Autogenes Training?

Autogenes Training (AT) besteht aus Übungen, die «aus dem Selbst entstehen». Wir sprechen auch von «konzentrierter Selbstentspannung», die jeder für sich ständig üben kann, unabhängig von anderem (Menschen oder Medikamenten).

Der Erfolg hängt vom eigenen «Einsatz» ab. Es ist wie beim Erlernen einer Sprache; ohne üben lernst du sie nicht. Ich bin allerdings der Meinung, daß das Üben oder Lernen des AT wesentlich «lustvoller» ist. Es macht Spaß und Freude, auch weil du den unmittelbaren «Erfolg» spüren kannst. Du fühlst dich nach einer Übung einfach wohler.

Das AT wurde von dem Berliner Nervenarzt Prof. J. H. Schultz entwickelt. Er machte eine interessante Beobachtung bei den Berliner Droschkenkutschern. Die saßen, während sie auf Kundschaft warteten, auf ihrem Kutschbock in einem schlafähnlichen Zustand. Sie hielten ihre Augen geschlossen, saßen breitbeinig da, und hielten die Hände locker auf ihrem Schoß. Sie waren körperlich vollkommen entspannt.

Prof. Schultz hatte die Idee, daß nervöse und gehetzte Menschen lernen könnten, sich ohne fremde Hilfe so zu entspannen, daß sie für eine Weile alles Störende vergessen und ausschalten. Daraus entwickelte er die ersten Übungen des AT.

Alle Gedanken sind auf den eigenen Körper gerichtet. Du schaust in dich hinein, beobachtest deine Hände, Arme, Füße und Beine und spürst, wie sie durch die Konzentration schwer werden, wie sich die Muskeln entspannen. Du erkennst deine Atmung, das Schlagen deines Herzens, fühlst deinen Bauch mit seinen Organen. Durch dieses konzentrierte Hinwenden auf den Körper lernst du deine Blutgefäße, die Funktion deiner Organe zu beeinflussen. Die Atmung wird ruhiger. Du erinnerst dich, wenn du aufgeregt bist, atmest du schnell, oft hektisch. Dein Herzschlag wird langsamer, aber keine Angst, das Herz hört dabei nie auf zu schlagen. Die Magennerven beruhigen sich, die Darmbewegungen werden aktiver. Du spürst deinen Einfluß auf dein ganzes körperliches Geschehen.

Aber auch deine seelische Befindlichkeit kannst du positiv beeinflussen. Du weißt vielleicht, daß der Mensch ein psychosomatisches Wesen ist. Die Psyche ist die Seele und Soma der Körper, Psyche und Soma sind untrennbar miteinander verbunden. Wird eines von beiden belastet, reagiert das andere sofort darauf. Hast du lange Zeit großen Ärger, z. B. Schulprobleme, so reagiert dein Körper «ge-kränkt», also krank darauf. Der eine bekommt Bauchschmerzen, der andere Kopfschmerzen, viele können dann nicht schlafen, und so gibt es noch viele andere körperliche Reaktionen. Ängste, Depressionen auch Aggressionen dagegen sind die mehr seelische «Antwort» auf Belastungen, auf *Streß*.

Durch regelmäßiges Üben wirst du deinen Körper kennenlernen, dich selbst «entdecken». Du wirst dich in einen tiefen Entspannungszustand versenken können, der schlafähnlich ist. Jetzt ist nichts mehr da, was stört, belastet, du bist ganz bei dir. Du kannst aber auch mit deinen Gedanken «bei dir sein», kannst in tiefer Ruhe über Dinge nachdenken, was im Alltagstrubel oft nicht möglich ist. Bald wirst du spüren, daß du auf diese Übungen nicht mehr verzichten möchtest.

Die Fähigkeit, sich zu jeder Zeit an jedem Ort tief entspannen zu können, hilft dir, die Gefühle der Angst, die sich in beklemmendem Herzklopfen, in Magendruck, im Gefühl, der Hals sei zugeschnürt, äußern, zu mildern oder ganz abzustellen. Auch das Nicht-Einschlafen-Können, das nächtliche Herumwälzen im Bett wird dich nicht mehr quälen.

Wann und wie
übst du Autogenes Training?

Wichtig ist *regelmäßiges* Üben. Jeden Tag kurz üben ist wirkungsvoller als sich ein- oder zweimal die Woche besonders viel Zeit zu nehmen. Um AT richtig zu lernen und sinnvoll einsetzen zu können, ist Disziplin nötig. Am Anfang fällt dir das noch etwas schwer, weil du noch keinen richtigen Erfolg verspürst. Aber der kann nur kommen, wenn du nicht den Mut verlierst und immer wieder weiter regelmäßig übst. Wenn du dann etwas merkst, macht das Weiterüben natürlich erst richtig Spaß. Überfordere dich nicht. Baue allen Leistungszwang ab. Übe, weil es dir Freude und Spaß macht und du dich dabei und danach so richtig wohl fühlst. Wille ist Spannung! Dieser Satz gilt für jedes Üben. Mit deinem Willen kannst du also die Entspannung nicht erzwingen. Sie «geschieht», wenn du «loslassen» kannst.

Nimm dir eine feste Übungszeit vor. Der Körper gewöhnt sich dann daran, so daß er schneller, bald schon automatisch, reagiert. Das ist wie mit deinem Darm, auch er braucht seine «festen» Zeiten.

AT als Ersatz für den Mittagsschlaf

Nach der Schule, wenn du so einen richtigen Tiefpunkt hast, ist es gut zu üben. Du fühlst dich danach viel wohler und frischer. Der Unterschied zum Mittagsschläfchen liegt darin, daß der Organismus beim AT nicht auf den Schlaf- und Nachrhythmus umschaltet. Nach dem Mittagsschläfchen kommen viele gar nicht mehr richtig zu sich. Da ist ein AT besser, und der Erholungseffekt ist der gleiche.

AT als Einschlafhilfe

Vor dem Einschlafen solltest du unbedingt AT üben. Erstens hat da wirklich auch jeder Zeit. Du schaltest beim AT alle Vorkommnisse und Probleme des Tages ab. Du konzentrierst dich ganz auf dich und deinen Körper. Du schaffst dir damit eine «Insel der Ruhe». Selbst wenn du keine Schlafstörungen hast, wird deine Schlafqualität erheblich verbessert. Viele Menschen nehmen ihre Tagesbelastung mit in den Schlaf hinein. Dadurch bleiben sie auch körperlich (muskulär) im Schlaf verspannt. Ihr Schlaf ist unruhig und meist auch nicht tief genug. Am Morgen danach fühlen sie sich wie zerschlagen, obwohl sie zeitlich ausreichend geschlafen haben. Das Abend-AT sollte zu einem «Schlafritual» werden. Als Kind hast du vielleicht auch solch ein «Einschlafritual» gehabt. Dazu gehörte der Teddy, eine Puppe oder ein anderes Schlaftier, ein Schmusetuch oder vieles andere mehr. Das Einschlafküßchen gehörte dazu, im besten Fall auch eine Geschichte, bei der du meistens vorzeitig einschliefst. Früher haben die Menschen gebetet; auch das schuf «Inseln der Ruhe», war eine Form der Meditation, die den Alltag vergessen half und zu einer tiefen Versenkung führte.

Dies alles sind bessere Einschlafhilfen als das elektronische Sandmännchen im Fernsehen. AT, eine Atem- oder Meditationsübung ist die beste und gesündeste Einschlafhilfe oder Einschlafritual.

Vorbedingungen für erfolgreiches Autogenes Training

Wir haben von der Übungszeit gesprochen; zusätzlich sind noch einige Dinge wichtig, bevor du mit dem AT beginnen kannst.

Erwarte als Anfänger keinen zu großen Erfolg beim Üben, besonders, wenn du in schlechter seelischer Verfassung bist. Überfordere dich nicht dabei. Übe einfach, weil du weißt, es tut dir gut, auch wenn du kein sensationelles Ergebnis erreichst. Du wirst dich in jedem Fall etwas ruhiger fühlen. Wenn es dir sehr schlecht geht, stellst du leicht zu große Erwartungen an das AT, und diese Erwartung verhindert den gewünschten Erfolg. Du setzt dich bereits wieder unter Streß, um dein Problem loszuwerden und kannst nicht die nötige Entspannung finden. Denk immer an das «Loslassen». Nichts erzwingen wollen! Durch stetiges Üben kommt der Erfolg von ganz allein. Das ist ein tolles Gefühl, wenn du spürst, wieviel ruhiger und gelassener du mit all deinen Konflikten und Problemen umgehen lernst; wenn du spürst, wie deine Energien und Kräfte wachsen und du mehr über dich selbst verfügen kannst. Eines Tages kannst du so schnell mit Hilfe von AT entspannen, als ob du auf einen Lichtschalter drückst, und es plötzlich hell wird. Aber das braucht seine Zeit. Das geschieht nicht von heute auf morgen. In unserer schnellebigen Zeit ist Geduld keine leichte Forderung! Aber um dem Streß zu entkommen, mußt du dich wehren und vielleicht gegen den Strom, gegen die Masse, schwimmen.

Üben darf nie ein «Muß» sein, es soll Freude machen, auch wenn das, am Anfang zumindest, noch etwas schwer fällt. Die einfache Formel heißt: Viel Üben – viel Erfolg, wenig Üben – wenig Erfolg.

Autogenes Training als Hilfe in der Schule

In der Schule gibt es viele Situationen, in denen du dich gestreßt fühlst. Hier kannst du dir mit Atemübungen (Seite 72 f) sinnvoll helfen. Diese wirken durch die vermehrte Sauerstoffzufuhr (Energie) und die Entspannung des vegetativen Nervensystems.

Natürlich ist es besser, an der frischen Luft Atemübungen zu machen, als in der verbrauchten Luft des Klassenraums. Aber auch hier kannst du dir, vor einer Arbeit zum Beispiel, durch ruhiges, tiefes Durchatmen helfen.

Da du Atemübungen mit offenen Augen machen kannst, merkt deine Umgebung wenig oder gar nichts davon. Es ist sicher nicht sinnvoll, während des Unterrichts zu meditieren oder in eine tiefe Entspannung zu versinken. Du kannst dabei sicher auf keine große Zustimmung deines Lehrers rechnen, wenn du in deine Traumwelten versinkst und ihn auf Befragen mit abwesenden, versunkenen Blicken lächelnd anschaust. AT mit offenen Augen zu machen, ist nur eine Frage der ständigen Übung. Du wirst merken, wie wohl dir eine körperlich-muskuläre Entspannung tut und wie sehr sie erfrischt.

In den Pausen an der frischen Luft ist ein Energie- und Krafttanken durch dynamische Atemgymnastik eine wirkungsvolle Möglichkeit, die restlichen Schulstunden gut zu überstehen. Ich kenne einige aufgeschlossene Lehrer, die mit ihren Schülern zusammen vor der Stunde einige Übungen machen. Das ist nicht die schlechteste Methode, zu einem besseren Lehrer-Schüler-Verhältnis zu kommen!

Was bewirkt das Autogene Training?

(nach Prof. J. H. Schultz)

1. Erholung
2. Selbstruhigstellung (durch Resonanzdämpfung der Affekte)
3. Selbstregulierung sonst unwillkürlicher Körperfunktionen
4. Leistungssteigerung
5. Schmerzabstellung
6. Selbstbestimmung (durch formelhafte Vorsätze)
7. Selbstkritik und Selbstkontrolle
   (durch Introspektion = Innenschau)

Prof. Schultz sah in der Mitarbeit des Übenden (Patienten) die Grundlage der (psychotherapeutischen) Behandlung. So entstand die Methode der Selbstbeeinflussung.

Autogenes Training leistet Hilfe bei:
Psychomotorischer Unruhe
Sprach-, Schlaf- und Kreislaufstörungen

Störungen in Magen- und Darmbereich
Kopfschmerzen
Migräne
Ängsten (Schulangst)
Depressionen
Aggressionen
Nervosität
Hypermotorik
Konzentrationsschwäche
Lernhemmungen
Kontaktstörungen
Leistungsabfall
Dies sind die häufigsten «Störfelder-Faktoren», unter denen Kinder und Jugendliche leiden.

Praktische Hinweise

1. Übungshaltung siehe Seite 32
- Stehen, Sitzen oder Liegen.

2. Wichtige Übungsbedingungen
- Nimm dir Zeit
- Übe täglich zur gleichen Zeit
- Fühle nicht die Uhr im Nacken
- Übe möglichst nicht mit vollem Magen oder nach anregenden Getränken
- Stelle alle möglichen Lärmquellen ab
- Setz dich unter keinen Erfolgszwang
- Hab Geduld, Geduld, und nochmals Geduld!

3. Übungsdauer
- Diese hängt von der persönlichen Befindlichkeit ab.
- Auch hier kann es keine Norm geben.
- Erfahrungswerte besagen, daß der Anfänger etwa 5 bis 10 Minuten täglich üben sollte und der Fortgeschrittene die Übungen gefahrlos auf 15 bis 20 Minuten ausdehnen kann.
- Wichtig: lieber jeden Tag nur 5 bis 10 Minuten, als einmal in der Woche 20 Minuten.

Störungsfaktoren

Wenn du mit dem AT anfängst, wirst du möglicherweise etwas unsicher sein. Es ist etwas ganz Neues, und du bist dir nicht so sicher, zu welchen Reaktionen es kommen kann.

In meinen Anfängergruppen sind immer wieder Menschen, die so nervös sind, daß sie Herzklopfen bekommen, schwitzen oder blaß werden, bevor es überhaupt anfängt. Das ist verständlich. Sie haben manchen Vorbehalt und wissen eigentlich nicht so recht, auf was sie sich da einlassen werden. Diese Unsicherheit wirkt sich auf ihre Körperhaltung aus, sie sitzen verspannt auf den Übungsstühlen.

Nach den ersten Übungen kommt es zu den unterschiedlichsten Reaktionen. Einige sind ganz begeistert, manche spüren gar nichts, andere wiederum klagen über leichte Kopfschmerzen, Schwindel oder eine verstärkte Unruhe. Das ist ganz normal.

Solch ein erstes tiefes Entspannungserlebnis ist ein großer Eingriff in das vegetative Gleichgewicht. Hier kann es zu «Irritationen» oder «Störungen» kommen, die aber im Verlauf des weiteren Trainings verschwinden. Der Blutdruck sinkt, der Kreislauf verlangsamt sich. Das merken besonders Menschen mit einem labilen Kreislauf. Nach den Übungen müssen sie auf eine ausreichende *Zurücknahme* (siehe Seite 45) achten. Dadurch werden Kreislauf und Blutdruck wieder normalisiert und angeregt. Manche Übende werden so unruhig, daß sie aufstehen wollen und am liebsten den Raum verlassen möchten. Wird das Unbehagen zu groß, brichst du das Training zunächst lieber einmal ab und übst zu einem späteren Zeitpunkt weiter.

Die Glieder können kribbeln, verstärktes Herzklopfen ist spürbar, Jukken und Schwitzen können dich beunruhigen. Es kommt auch zu Muskelzuckungen, wie du sie vom Einschlafen her kennst. Das sind autogene Entladungen. Die treten dann auf, wenn nach starker Muskelspannung es zu sehr schneller Entspannung der Muskeln kommt.

Es gibt auch andere körperliche Erscheinungen, wie das Gefühl des Fingerschwellens, ein Gefühl, als wenn die Hände «zerfließen» würden. Das sind die Folgen einer Erweiterung der Blutgefäße. Du wirst auch deinen Puls an vielen Körperstellen fühlen, wo du ihn nie vermutet hättest. Bis in deine Fingerspitzen hinein spürst du ihn klopfen. Wenn du deinen Magen «knurren» oder «rumpeln» hörst, muß das nicht Hunger bedeuten, sondern zeigt dir, daß deine Magennerven sich beruhigen und die Darmbewegungen sich verstärken. Es kann verstärkter Speichelfluß auftreten, sowie Lidflattern, so daß du anfangs Schwierigkeiten hast, die Augen geschlossen zu halten.

Aber keine Angst: All die unterschiedlichen Begleiterscheinungen sind «Anfangsreaktionen», die in der Regel wieder verschwinden. Sind bestimmte Reaktionen über eine sehr lange Übungsdauer wahrzunehmen, was äußerst selten vorkommt, dann ist ein ärztlicher Rat sinnvoll. Ich denke, es ist für einen Anfänger am besten, unter der erfahrenen Leitung eines «Trainers» AT zu erlernen. Dieser wird auf alle Fragen eingehen können und damit Unsicherheiten abbauen helfen. Der suggestive Faktor durch die Vermittlung des Trainers verstärkt im übrigen die Wirkung des AT.

Übungshaltungen

Autogenes Training kannst du zu jeder Zeit, an jedem Ort, im Sitzen, Liegen, Stehen und sogar im Laufen ausführen.

1. Im freien Sitzen (Droschkenkutscherhaltung)

Bei dieser Sitzhaltung sitzt du frei, ohne dich anzulehnen, auf einem Stuhl oder Sessel. Hast du aber einmal beides nicht zur Verfügung, kannst du dich auch auf eine Treppe, einen Stein oder ein Mäuerchen setzen. Du bist also unabhängig von einem «Hilfsmittel».

Die Füße stehen mit «fühlbarem» Kontakt auf dem Boden. Die Hände liegen locker auf den Oberschenkeln oder im Schoß. Die Augen sind geschlossen (zur besseren Konzentration). Den Kopf kannst du gerade halten oder leicht vornüberbeugen. Hast du Bandscheibenprobleme oder eine stark verspannte Nacken- und Rückenmuskulatur, ist diese Sitzhaltung weniger geeignet, da sie deine Beschwerden verstärken kann. Die Nackenmuskulatur wird beim Vornüberbeugen sehr gedehnt, und das ist manchem Übenden unangenehm.

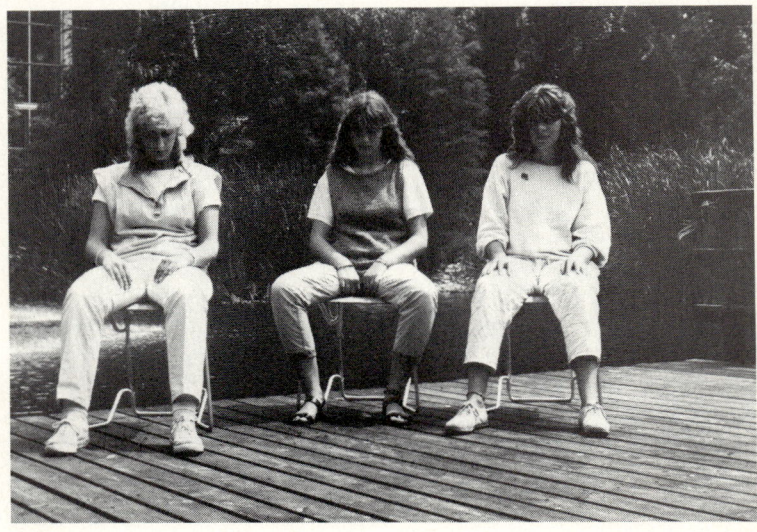

2. Im angelehnten Sitzen

Das kannst du auch in einem gemütlichen Großvatersessel üben. Du kannst deinen Kopf anlehnen, deine Füße «fühlen» ihren guten Stand auf dem Boden. Deine Hände und Unterarme ruhen locker im Schoß oder auf den Oberschenkeln. In dieser bequemen Haltung kannst du allerdings leicht bei der Übung einschlafen. Auf einem Stuhl mit niedriger Rückenlehne hältst du deinen Kopf frei. Erschrecke aber nicht, wenn er dir plötzlich vornüberkippt, weil deine Halsmuskulatur völlig locker und entspannt ist!

3. Im Liegen

Du liegst ausgestreckt, mit leicht gespreizten Beinen, auf dem Rücken.
Die Unterlage soll nicht zu weich sein. Denk an die Japaner, die nur auf
einer Matte auf dem blanken Boden schlafen! Unter deinen Kopf und
Hals kannst du ein kleines Kissen schieben. Die Arme liegen leicht angewinkelt seitlich am Körper. Du «fühlst» deinen Körper ganz bewußt,
nimmst dich «körperlich» wahr. Es ist in dieser Lage sehr lustvoll zu
üben, auch wenn die Gefahr einzuschlafen, besonders zu Beginn des
Trainings, groß ist.

Wenn du dagegen in deinem Bett vorm Einschlafen übst, ist gerade das
ein erwünschtes «Ziel» von AT. Die Zurücknahme (siehe Seite 45) ist
dann überflüssig. Du kuschelst dich einfach in deine gewohnte Schlaf-
haltung und schläfst ein.

4. Im Stehen

Diese Übungshaltung eignet sich besonders gut für die sogenannte *Kurzübung*.

Du stehst in einer eutonischen (eu = gut, tonus = Spannung) Haltung da. Die Füße stehen etwa schulterbreit gegrätscht auf dem Boden. Du hast «festen Boden» unter deinen Füßen. Du fühlst deinen Körper wieder ganz bewußt und intensiv. Dann fängst du an, Spannung aus deinem Körper rauszulassen: Zunächst aus dem Nacken, dann aus Schultern, Rücken, Brust, Bauch (der «rutscht» dabei förmlich raus), Gesäß, den Anus (After) «loslassen», ihn so entspannen, als müßtest du aufs Klo.

Deine Füße und Beine stehen jetzt wie angenagelt auf dem Boden. Alles Gewicht, und du fühlst dich doppelt so schwer wie sonst, ruht auf deinen Füßen. Wenn du dich so schwer fühlst, daß du meinst, fast in den Boden zu versinken, bist du vollkommen muskulär entspannt.

Bei geschlossenen Augen hast du während dieser Übung das Gefühl zu schwanken. Du kannst diese Übung auch mit offenen Augen lernen. Das hat den Vorteil, daß du häufig am Tage deine Haltung überprüfen

kannst. Und du wirst dabei immer feststellen, wann du verspannt
warst. Du bekommst mit der Zeit eine geradere, bessere Körperhaltung. Du überprüfst deine Spannung, läßt diese «bewußt» raus. Bist du
dann gut entspannt, ist das wie ein kurzes Energie- und Krafttanken.
Du «lädst» dich wieder auf wie eine Autobatterie. Mit der Zeit fühlst
du dich «aufgerichtet». Den Kopf hältst du aufrecht und frei. Du fühlst
dich körperlich richtig «schön».

Übungsverlauf

1. Ruhetönung und Ruheformel	– Körpergefühl entwickeln, Körper «fühlen»-Ruheformel
2. Schwereübung	– durch Muskelentspannung
3. Wärmeübung	– durch Gefäßentspannung und -erweiterung
4. Atemübung	– Atemlenkung
5. Herzübung	– Regulierung der Herztätigkeit
6. Sonnengeflechtsübung	– Regulierung der Bauchorgane
7. Kopfübung	– Stirnkühlung
8. Zurücknahme	– Aktivierung von Blutdruck und Kreislauf

1. Ruhetönung und Ruheformel

Du nimmst die Ruhestellung ein, die du magst oder die der jeweiligen
Situation entspricht, im Sitzen oder im Liegen. Übe als Anfänger nicht,
wenn du aufgeregt bist. Es gelingt dir leichter, wenn du dich gerade
ganz gut fühlst. Schließe die Augen, wenn es dir möglich ist. Mit geschlossenen Augen kannst du dich besser konzentrieren. Sind die Augen anfangs zu unruhig, kannst du auch mit offenen Augen die Übung
beginnen; im weiteren Verlauf fallen sie dann zu.
Konzentriere dich nun auf deinen Körper. «Spüre» und «fühle» ihn
ganz bewußt und intensiv. Du fühlst dich «körperlich». Vor dem eigentlichen Üben ist es oft hilfreich, sich kräftig zu recken und zu stre-
ken, dadurch wird Muskelspannung abgebaut.
Wenn du dich «körperlich» fühlst, intensiven Kontakt beim Liegen mit
dem Boden, dem Bett, der Couch hast, oder dich schwer auf dem Stuhl
oder Sessel sitzen fühlst, beginnst du mit der Ruheformel:

Ich bin (ganz) ruhig.

Diese Formel hilft dir zur Ruhigstellung im körperlichen und seelischen Bereich. Sie ist kein Befehl. Du wartest auf die Ruhe. Das nennt man auch eine Ruhetönung, und du wirst sie als «Ruheerlebnis» erfahren. Sie ist die Einstimmung auf das kommende Geschehen. Du denkst diese Formel einige Male vor dich hin.

Es kann sein, daß dir am Anfang noch viele Gedanken, manchmal auch scheinbar unpassende, durch den Kopf schwirren. Laß sie einfach zu. Zwing dich nicht, sie zu verdrängen. Du kannst versuchen, sie wie einen ganz zarten Vorhang beiseite zu schieben.

2. Schwereübungen

Übungsablauf
Einstimmung durch die Ruhetönung.
Ruheformel: Ich bin (ganz) ruhig.
Der Arm ist (ganz) schwer.
Die Arme sind (ganz) schwer.
Der Nacken und die Schultern sind (ganz) schwer.
Die Beine sind (ganz) schwer.
Das Gesicht ist (ganz) entspannt und gelöst.
Ich «lasse los».
Der ganze Körper ist schwer.
Ruheformel: Ich bin (ganz) ruhig, gelöst, entspannt.
Ruheformel: Ich ganz ruhig und vollkommen entspannt.
Zurücknahme (siehe Seite 45).

Die erste autogene (konzentrative) Übung ist die Schwereübung. Durch die Konzentration auf die unterschiedlichen Gliedmaßen kann es schon zu einer Muskelentspannung kommen.

Du fängst immer mit der Ruhetönung und Ruheformel an und beendest die Übung mit der Zurücknahme.

Es ist unterschiedlich, wie lang du für die Beherrschung der einzelnen Übungen brauchst. Bei dem Üben des ganzen Programms, von 1 bis 12, nimm dir Zeit. Erst wenn du jede einzelne Übung gut kannst, verbinde sie miteinander zu einem Ganzen.

Du beginnst mit deiner rechten Hand (bei Linkshändern mit der linken). Du nimmst diese Hand ganz bewußt und intensiv wahr. Du fühlst und spürst sie in deiner «Vorstellung», ohne Druck auszuüben. Nach dieser Wahrnehmung und dem Fühlen der Hand denkst du:

Die Hand ist (ganz) schwer.

Bei dieser ersten Schwereübung kann bereits das «Wärmeerlebnis» (siehe Seite 41) auftreten.

Als nächstes «fühlst» und «spürst» du beide Hände, und denkst:

Die Hände sind (ganz) schwer.

Nun gehst du zu Nacken und Schultern über. Diese Partien sind bei den meisten Menschen stark verspannt. Auch seelische Belastungen äußern sich in Muskelverspannungen in diesem Bereich, und nicht nur langes Sitzen oder falsche Körperhaltung führt dort zu Schmerzen.

Deine «innere» Haltung überträgt sich auf deine «äußere» Haltung. Körperhaltung ist auch Körpersprache. Du kannst viel der inneren Befindlichkeit eines Menschen an seiner Körperhaltung und an seinem Gang ablesen. Verkrampfte, starre Haltung und verkrampfter und starrer Gang sagen einiges über die «innere» Starrheit und Verkrampfung, Spannung aus. Du «spürst» und «fühlst» jetzt Nacken und Schultern bewußt und intensiv. Du denkst:

Nacken und Schultern sind (ganz) schwer.

Dann gehst du zu deinen Füßen und Beinen über. Du «spürst» und «fühlst» sie ganz bewußt und intensiv. Du denkst:

Füße und Beine sind (ganz) schwer.

Als letzte Schwereübung sprichst du deinen ganzen Körper an. Du «spürst» und «fühlst» ihn ganz bewußt und intensiv. Du denkst:

Der Körper ist (ganz) schwer.
Der Körper ist (ganz) schwer, gelöst und entspannt.

Nach einigem Üben fühlst du die Schwere des ganzen Körpers fast automatisch. Der Körper hat die Formeln «verinnerlicht», man nennt das die «Generalisierung». Wenn du dir diese ganz körperliche Schwere bewußt machst, wird dieses Bewußtsein zu einem zusätzlichen Suggestivfaktor. Du erwartest die Schwere (oder die Wärme) und siehst dich durch das prompte Eintreten bestätigt.

Du entspannst jetzt dein Gesicht. Die meisten Menschen tragen eine Maske vor ihrem eigenen, «wahren» Gesicht. Die Gesichtszüge sind oft starr und sehr verspannt. Bei manchen Menschen siehst du ein Zucken in ihrem Gesicht, das ist ein sicheres Zeichen von großer Spannung.

«Das Gesicht ist der Spiegel der Seele.» Leider wollen viele Menschen ihre Gefühle gar nicht zeigen. Sie machen lieber ein «Pokerface», an dem man nichts ablesen soll. Dieses Gesicht ist «ausdruckslos», ist ein «gefühls-leeres» Gesicht. Die Gesichtsmuskulatur wird mit der Zeit ganz starr, weil immer wieder Emotionen (Gefühle) unterdrückt werden. Ein «lebendiger» Mensch verfügt auch über eine «lebendige» Gesichtsmimik.

In unserer Gesellschaft glauben besonders Männer, ihre Gefühle nicht zeigen zu dürfen, sie haben dann eine «be-herr-schte» Miene.

In den Trainingsgruppen kann ich immer wieder beobachten, daß die Menschen, wenn sie tief entspannt sind, unbewußt lächeln. Ihr Gesichtsausdruck ist ganz freundlich und fast heiter. Sie sind schön.

Bei den Gesichtsübungen «fühlst» du vielleicht das erste Mal dein «wahres» Gesicht. Es ist, als würde eine starre Maske abfallen. Alle Spannung fällt aus deinem Gesicht. Das Gesicht fühlt sich ganz «lebendig» an.

Eine der Ursachen für die Paradontose (Zahnfleischbluten und -schwund) ist das nächtliche Zähneknirschen. Innere Spannungen drücken sich in dem festen Aufeinanderpressen der Kiefer aus. Es zeigt eine «Verbissenheit», die nicht einmal der Schlaf löst. Um (wieder) eine lockere Gesichtsmuskulatur, eine lebendige Mimik zu bekommen, übst du das «Loslassen». Du denkst:

Mein Gesicht ist (ganz) gelöst, entspannt.
Ich gebe alle Spannung ab, weg von mir.
Die Lider liegen (ganz) schwer auf den Augen.
Die Wangen sind (ganz) schwer und gelöst.
Das Kinn ist (ganz) schwer und gelöst.
Der Mund ist locker und entspannt.

Die Kiefermuskeln sind (ganz) entspannt und locker.
Die Zunge ruht schwer und gelöst im Mund.
Die Stirn ist (ganz) entspannt und glatt.
Das ganze Gesicht ist entspannt.

Nach einiger Übung brauchst du nur noch zu denken:

Mein Gesicht ist ganz entspannt und gelöst.

3. Wärmeübungen

Übungsablauf
Einstimmung durch die Ruhetönung.
Ruheformel: Ich bin (ganz) ruhig.
Der Arm ist (ganz) warm.
Die Arme sind (ganz) warm.
Der Nacken und die Schultern sind (ganz) warm.
Die Beine sind (ganz) warm.
Der ganze Körper ist warm.
Zurücknahme (siehe Seite 45).

Du stellst dir vor, daß die Sonne auf deine rechte Hand (bei Linkshändern auf die linke) scheint. Du fühlst die Wärme der Sonne auf deiner Hand. Du denkst:

Die Hand ist (ganz) warm.

Danach «fühlst» du, wie die Sonne deine beiden Hände und Arme wärmt. Du denkst:

Die Hände und Arme sind (ganz) warm.

Die Sonne wärmt dir nun deinen Nacken und die Schultern. Du denkst:

Der Nacken und die Schultern sind (ganz) warm.

Dann wärmt die Sonne deine Füße und Beine. Du denkst:

Die Füße und Beine sind (ganz) warm.

Als letztes «spürst» du die Sonne, wie sie deinen ganzen Körper wärmt. Eine wohlige Wärme durchdringt deinen Körper. Du denkst:

Der ganze Körper ist warm.

Bei den Wärmeübungen entspannen sich die Muskeln der Blutgefäße, sie erweitern sich, und das Blut strömt verstärkt durch die Adern. Durch die «Vorstellungshilfe Sonne» wird der Wärmeeffekt, das Wärmeerlebnis, verstärkt. Das Wärmeerlebnis beeinflußt auch das Herz-Kreislauf-System. Die erweiterten Blutgefäße versorgen die Herzkranzgefäße verstärkt mit Blut und Sauerstoff.

Organübungen

Übungsablauf	
Atemübung	Der Atem geht (ganz) ruhig und gleichmäßig. Der Atem geschieht. Es atmet mich.
Herzübung	Mein Herz schlägt ruhig (kräftig) und gleichmäßig.
Sonnengeflechts-übung	Sonnengeflecht strömend warm.
Kopfübung	Stirn angenehm kühl.
Zurücknahme (siehe Seite 45).	

4. Atemübung

Im Unterschied zur Atemgymnastik ist die Atemübung des AT eine *passive*. Den Atem läßt du «geschehen». «Es atmet mich» ist die Atemformel des AT. Du greifst hierbei nie in dein Atemgeschehen, in den Atemablauf, ein. Du atmest «un-willkürlich». Du verhältst dich deiner Atmung gegenüber völlig passiv. Je mehr du dich auf diese passive, entspannte Atemhaltung einläßt, je eher wird der «entspannte Grundrhythmus» «fühlbar». Du lernst deinen ganz individuellen Atemrhythmus vielleicht zum erstenmal kennen. Du erkennst bald, daß sich jede emotionale Regung auch auf deine Atmung auswirkt.

Einatmen ist ein aktiver, dynamischer Vorgang, Ausatmen ist ein passiver, entspannender Vorgang.

Du atmest nun «un-willkürlich». Du läßt deinen Atem geschehen.

Dafür gibt es die «Vorstellungshilfen»:

- Der Atem schwingt beim Einatmen sanft nach oben, beim Ausatmen nach unten.
- Der Atem gleicht einer Welle, die beim Einatmen nach oben, beim Ausatmen nach unten schwingt.
- Der Atem gleicht dem Hin- und Herschwingen von Baumwipfeln.
- Der Atem schwingt sanft wie eine Schaukel, nach oben beim Einatmen, nach unten beim Ausatmen.

Die Atemformel heißt:

> *Der Atem geht (ganz) ruhig und gleichmäßig.*
> *Atmung ganz ruhig.*
>
> *Es atmet mich.*

5. Herzübung

Du fühlst ja meist dein Herz nur dann schlagen, wenn du dich körperlich kräftig bewegt hast oder aufgeregt bist. Den «normalen» Herzschlag nimmst du selten wahr.

Das Herz nennen wir auch den «Sitz der Seele». Alle unseren emotionalen Vorgänge stehen im engen Zusammenhang mit unserem Herzen.

«Ein Mensch mit einem großen Herzen» beschreibt einen Menschen mit viel Mit-Gefühl, Gemüt und Herz-lichkeit. «Man soll nicht nur Kopf haben, sondern auch Herz» meint, daß der Kopf für alle rationalen, verstandesmäßigen Dinge zuständig ist, das Herz dagegen für alle emotionalen, gefühlsmäßigen.

Wir reden auch von jemandem, daß er an «gebrochenem Herzen» gestorben sei.

«Es ist mir warm ums Herz» beschreibt ein großes Wohlgefühl und «mir bleibt vor Schreck das Herz stehen» Gott sei Dank nur eine «Vorstellung» bei großer Aufregung. Alle diese Aussprüche machen deutlich, wie wichtig das Herz für die Gesamtpersönlichkeit ist, für das enge Zusammenwirken von Körper und Seele. Du denkst:

Das Herz schlägt ruhig (kräftig) und gleichmäßig.

Du kannst beim Ausatmen den warmen Atem wie einen sanften Hauch «über dein Herz» wehen lassen. Diese Vorstellung löst eine verstärkte Durchblutung der äußeren Herzkranzgefäße aus.

6. Sonnengeflechtsübung

Das Sonnengeflecht (plexus solaris) ist ein Geflecht von Nervenzellen oberhalb deines Bauchnabels, die sich wie die Strahlen der Sonne im Leibraum nach allen Seiten ausbreiten. Von hier werden alle Bauchorgane vegetativ beeinflußt, das heißt, ihre Funktionen werden von hier aus gesteuert. Bei dieser Übung kannst du dir vorstellen, eine Tasse warmen Tees wärme dir den Magen oder ein Heizkissen läge auf deinem Bauch. Du kannst auch deine Hände auf das Sonnengeflecht legen. Damit unterstützt du die erwünschte Wärmeempfindung und die Entspannung im Bauchraum.

Ein «Knurren» und «Blubbern» in deinem Bauch zeigt an, daß sich die Magennerven entspannt und die Darmbewegungen sich verstärkt haben.

Du kennst die Sprichworte: «Es schlägt mir auf den Magen», oder «es liegt mir auf dem Magen». Auch hier wird wieder deutlich, daß alle seelischen Empfindungen in unmittelbarem Zusammenhang mit den leiblichen Organen stehen. Die gefürchteten Magengeschwüre sind die Folge von ständigem Ärger, Streß und Belastungen, die sich «auf den Magen geschlagen» haben.

Es ist daher wichtig, für eine ausreichende Entspannung der Bauchorgane zu sorgen. Denn besonders bei Schulkindern machen sich die Belastungen, die Angst und die Aufregungen im Magen- und Darmbereich bemerkbar. Bauchweh ist ein nur allzu bekanntes Schülerleiden. Wenn du die Wärme in deinem Bauchraum spürst, denkst du:

Sonnengeflecht ist strömend warm.

7. Kopfübung

Der Kopf ist ein weiterer «Sammelpunkt» emotionaler Empfindungen. Viele Menschen leiden unter Kopfschmerzen oder Migräne. Hier kommt es durch Belastungen aller Art zu «Ver-spannungen». Die Kopfgefäße sind durch die Spannung verengt und transportieren nicht genügend Sauerstoff in die Kopfnerven. Dadurch wird die Konzentrationsfähigkeit eingeschränkt. Das Denken fällt schwer, «der Kopf will einem zerspringen». Bei Kopfschmerzen legen sich viele Menschen instinktiv ein nasses, kühles Tuch auf die Stirn, es wirkt schmerzlindernd und beruhigend.

«Füße warm und Kopf kühl» empfiehlt der Volksmund. Nur ein «kühler Kopf» kann denken, wobei kühl nicht mit kalt verwechselt werden darf.

Du kannst dir vorstellen, daß ein kühler Wind leicht über deine Stirn streicht. Du denkst:

Stirn angenehm kühl.

8. Zurücknahme

Nach jeder Übung (im Einzel- oder Gesamtprogramm) nimmst du die Zurücknahme vor. Das ist wichtig, um den Blutdruck zu normalisieren und den Kreislauf wieder anzuregen. Durch das AT haben wir ja beides auf «Energiesparen» geschaltet.

Du ballst die Fäuste, reckst und streckst die Arme,
atmest tief durch und öffnest die Augen.

Danach fühlst du dich wohl und entspannt. Die Wirkung des AT wird durch die Zurücknahme nicht geschmälert. Wenn du AT vor dem Einschlafen machst, ist die Zurücknahme natürlich überflüssig. Roll dich wohlig zur Seite und überlaß dich dem Schlaf.

Formelhafte Vorsatzbildung

Diese formelhaften Vorsätze sind autosuggestive Formeln, die du dir nach den Schwere- und Wärmeübungen «einver-leiben» kannst. Du kannst dir deine eigenen Formeln ausdenken, mit denen du kleinen Problemen und Schwierigkeiten in deinem Alltag «zu Leibe» rücken willst.

Für jedes Problem mußt du eine spezifische Formel benutzen. Du kannst mit solchen Formeln üben, wichtige Dinge zu behalten und unwichtige beiseite zu schieben. Du kennst vielleicht Menschen, die denken an eine Zeit, zu der sie aufwachen wollen, und ohne Wecker wachen sie genau zu dieser Zeit auf. Der «Vorsatz» (in unserem Beispiel: aufzuwachen) ist wie ein Code, den du in dein Unterbewußtsein eingibst (während der tiefen Entspannung, in der du auf anderen, tieferen Bewußtseinsebenen bist) und der von dort heraus auf das gewünschte Verhalten einwirkt. Erzwingen kannst du allerdings auch mit diesen Vorsätzen nichts.

Mit der Zeit wirkt dieser Vorsatz auch ohne dein willentliches Zutun. Immer, wenn du die Wirkung des Vorsatzes brauchst, wirkt er aus deinem Unterbewußtsein heraus. Der Vorsatz muß immer in eine positive und kurze Form gekleidet werden. Ich will das an einigen Beispielen verdeutlichen: Du hast immer wieder Angst vor Klassenarbeiten. Da hilft zunächst natürlich erst einmal, den Stoff ordentlich zu lernen. Aber es gibt ja eine Angst, die dennoch so groß ist, daß das Gelernte völlig «weg» ist. Hier kannst du etwa denken:

Angst weit weg.

Oder du mußt etwas tun, was dir nicht so recht angenehm ist. Deine Sachen wegräumen, zum Zahnarzt gehen usw. Hier kannst du dir helfen, indem du denkst:

Unangenehmes sofort.

Du kannst dir noch viele Möglichkeiten ausdenken, wie du dir mit den formelhaften Vorsätzen dein Leben erleichtern kannst. Hier einige Vorschläge:
Ich schlafe gut die ganze Nacht.
Ich schlafe tief und fest.
Meine Haut ist rein und fein.
Mein Bauch ist warm und wohl.
Ich bin ruhig und lasse los.
Ich fühl mich frei.
Ich schaff es.
Ich glaub an mich.
Ich fühl mich wohl – mir geht es gut.
Ich löse mein Problem.
Ich schieb nichts mehr auf.
Ich denke positiv.
Ich bin satt und fühl mich wohl.
Mein Kopf ist angenehm leicht und frisch.

Ich bin ganz frisch und munter.
Ich nehme es mir heute vor.
Ich räume auf.
Ich tu es.
Ich löse mein Problem.
Ich weiß, ich schaff es.
Mein Atem strömt durch meinen Körper.
Ich bin mutig.
Ich fühl mich stark.
Ich bin ich!
Ich bin!

Autogenes Training für Kinder von ca. 8 bis 12 Jahren

Das Autogene Training ist für Kinder in diesem Alter durch «bildhafte» Vorstellungen einfach zu erlernen. In der «magischen» Phase sind diese Vorstellungsbilder leicht zu «imaginieren». Die vorgegebenen «Bilder» und «Symbole» der Schwere- und Wärmeübungen können «ein-verleibt» werden. Sie werden schnell «fühlbar».
Nach einiger Zeit genügt bereits die Vorstellung des Symbols, um den erwünschten Zustand der Schwere, Wärme und Ruhe herzustellen.
Bei dem Übungsprogramm für Kinder von ca. 8 bis 12 Jahren habe ich mich bewußt auf die Vermittlung von Schwere- und Wärmeerlebnissen beschränkt. Wie neuere Untersuchungen ergaben, werden die Organe und ihre jeweilige Funktion auch über das Schwere- und Wärmeerlebnis beeinflußt. Organübungen sollten als medizinische Indikation und Therapie einem Therapeuten oder Arzt überlassen werden.
Wenn das Kind nach längerem Üben AT beherrscht, wird der *Kreis* als das Symbol für *Ruhe* in der kindlichen Vorstellung genügen, um diesen Zustand «Ruhe» und die tiefe Entspannung auszulösen. Sie wird «fühlbar».

Bemerkungen zu dem Üben mit einer Gruppe

Beim Üben mit einer Gruppe ist es wichtig, daß der «Trainer» auf die individuellen Lernschritte und Reaktionen der Kinder achtet. Es gilt einen «Gruppenerfolgszwang» zu verhindern. Die unterschiedlichen Reaktionen der Kinder haben nichts mit Begabung oder Intelligenz zu tun. Auch das ist den Kindern zu vermitteln. Es wird immer wieder Kinder geben, die mit ihren «Erfolgen» prahlen und sich in den Mittelpunkt des Gruppeninteresses schieben wollen. Das AT-Erlebnis, ihr vorzeigbarer «Erfolg» ist das willkommene Vehikel dazu.

Das Üben und Lernen des AT in einer Gruppe darf nicht zu einem Leistungswettbewerb werden. Jedes der Kinder muß die Chance haben, offen und angstfrei in der Gruppe seine Erfahrungen und Erlebnisse zu schildern. Es darf zu keiner Diskriminierung kommen. Es gilt, die Verzagten zu ermuntern und die Übermütigen nicht zu wichtig zu nehmen.

Keines der Kinder darf zum «Vorbild» für die anderen ernannt werden. Jedes der Kinder hat sein Recht auf seine unverwechselbare Individualität.

Problematik der Kind-Trainer-Beziehung

Wie schon beschrieben, empfinden kleine Kinder kaum bewußt einen Leidensdruck. Sie nehmen ihre Beschwerden und «Störungen» einfach so hin. Das erschwert die Motivation, regelmäßig zu üben, um das AT gezielt und sinnvoll einsetzen zu können. Um zu einer größeren inneren Ruhe und Ausgeglichenheit zu kommen, ist das konsequente Üben von AT eine Voraussetzung. Unter der Anleitung eines Erwachsenen lernt das Kind AT meist erfolgreich. Das Kind (auch der Erwachsene) kann unter Umständen vom Trainer abhängig werden. Ohne ihn, ohne seine Stimme, seine Autorität, gelingen die Übungen weniger gut. Hier muß der Trainer den Übenden immer wieder auf seine persönliche Freiheit des Übens hinweisen. Das tägliche Üben allein ist die beste Möglichkeit, sich von der zunächst leichten Fixierung an den Trainer zu lösen. Ein wesentliches Ziel des AT ist die Fähigkeit, mehr über sich selbst zu verfügen, sich besser selbstzubestimmen.

Das Kind sollte so motiviert werden, daß es gerne und mit Freude zu Hause «autogen trainiert». Dieses autonome Üben oder Trainieren ist etwas, über das ein Kind selbständig, selbstverantwortlich und ohne Kontrolle verfügen kann. Es darf hier keine Leistungskontrolle geben. So liegt im AT auch die Möglichkeit, zu starke Fixierungen, zum Beispiel an einen Elternteil, aufzulösen. AT lehrt das Kind, sich «selbstbestimmter» zu entfalten. Es wird durch seine Erfahrungen unabhängiger und sich seiner «selbst-bewußt».

Übungsverlauf

Vor jedem Autogenen Training benutzt du zur Einstimmung eine *Ruhetönung* und *Ruheformel.*

Die *Ruhetönung* tritt dann ein, wenn du im Sitzen oder Liegen (Übungshaltungen siehe Seite 32) deinen Körper zunächst einmal ganz bewußt und intensiv spürst. Du fühlst dich auch «körperlich». Dein Körper bist du. Du fühlst dich «selbst-bewußt». Sammle jetzt deine Gedanken auf das Wort *Ruhe.* Laß diese Ruhe durch dich strömen. Du denkst:

Ich bin (ganz) ruhig.

Diese *Ruheformel* denkst du mehrere Male vor dich hin. Du kannst die Formel mit deinem Atem verbinden. Beim *Einatmen* denkst du «ich bin (ganz)» und beim *Ausatmen* «ruhig». Nach einiger Zeit benutzt du das Symbol für die *Ruhe.*
Das Symbol für *Ruhe* ist der Kreis. Die Ruhe wird sich fast automatisch einstellen, wenn du dir den Kreis vorstellst, wenn du ihn vor deinem «inneren» Auge siehst.

Ich bin (ganz) ruhig.

Du machst es mit allen anderen Übungen des AT genauso.
Nach einigem Üben denkst du nur an das jeweilige Symbol,
und der entsprechende gewünschte Zustand tritt ein.
Nach allen Übungen des AT nimmst du die *Zurücknahme* vor.

> *Balle deine Fäuste.*
> *Beuge und strecke deine Arme kräftig.*
> *Atme tief durch und öffne deine Augen.*

Das ist wichtig, um deinen Kreislauf wieder zu beleben. So
wirst du dich danach wieder frisch und erholt fühlen.
Übst du AT vor dem Einschlafen, laß die *Zurücknahme* weg.

Zurücknahme \\/

Schwereübungen

Symbol   **Übungsformel**
                    1. Übungstag

Ruhe

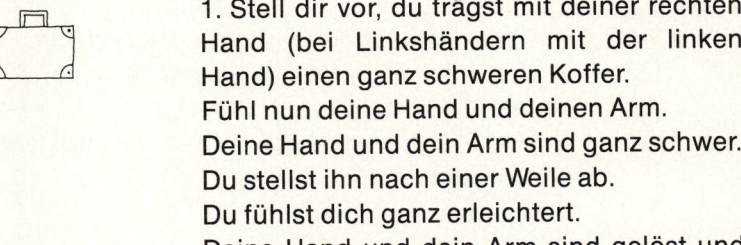

1. Stell dir vor, du trägst mit deiner rechten
Hand (bei Linkshändern mit der linken
Hand) einen ganz schweren Koffer.
Fühl nun deine Hand und deinen Arm.
Deine Hand und dein Arm sind ganz schwer.
Du stellst ihn nach einer Weile ab.
Du fühlst dich ganz erleichtert.
Deine Hand und dein Arm sind gelöst und
ganz entspannt.

Du beendest die Übung mit der
Zurücknahme.

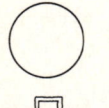

Ruhe

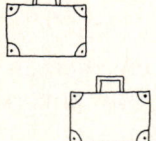

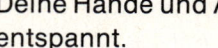

2. Stell dir vor, du trägst mit beiden Händen
zwei ganz schwere Koffer.
Fühl nun deine Hände und Arme.
Deine Hände und Arme sind ganz schwer.
Du stellst die Koffer nach einer Weile ab.
Du fühlst dich ganz erleichtert.
Deine Hände und Arme sind gelöst und ganz
entspannt.

Du beendest die Übung mit der
Zurücknahme.

Symbol	**Übungsformel**
	3. Übungstag

Ruhe
Deine Hände und Arme sind ganz schwer.

3. Stell dir vor, du hast einen ganz schweren
Rucksack auf deinem Rücken.
Fühl nun deinen Nacken und deine Schul-
tern.
Dein Nacken und deine Schultern sind ganz
schwer.
Nach einer Weile nimmst du den Rucksack
ab.
Du fühlst dich ganz erleichtert.
Dein Nacken und die Schultern sind gelöst
und ganz entspannt.

Ruhe

Du bist gelöst und ganz entspannt.
Du beendest die Übung mit der
Zurücknahme.

Symbol	**Übungsformel**
	4. Übungstag

Ruhe
Deine Hände und Arme sind ganz schwer.
Dein Nacken und deine Schultern sind ganz
schwer.

4. Stell dir vor, du hättest eine Maske vor dei-
nem Gesicht.
Du nimmst nach einer Weile die Maske ab.
Fühl nun dein Gesicht.
Dein Gesicht entspannt sich.
Dein Gesicht ist gelöst und ganz entspannt.

Ruhe

Du bist gelöst und ganz entspannt.
Du beendest die Übung mit der
Zurücknahme.

Symbol	**Übungsformel**
	5. Übungstag

Ruhe
Deine Hände und Arme sind ganz schwer.
Dein Nacken und deine Schultern sind ganz
schwer.
Dein Gesicht ist gelöst und entspannt.

5. Stell dir vor, du hast an deinen Füßen ganz
schwere Stiefel, das Gehen fällt dir schwer.
Deine Füße und Beine sind ganz schwer.
Nach einer Weile ziehst du die Stiefel aus.
Du fühlst dich ganz erleichtert.
Deine Füße und Beine sind gelöst und ganz
entspannt.

Ruhe

Du bist gelöst und ganz entspannt.
Du beendest die Übung mit der
Zurücknahme.

Wärmeübungen

Symbol   **Übungsformel**
                    6. Übungstag

Ruhe
Danach machst du alle Schwereübungen.

6. Stell dir nun vor, die Sonne scheint auf deine rechte Hand (bei Linkshändern auf die linke Hand).
Du fühlst, wie die Sonne deine Hand wärmt.
Deine Hand ist ganz warm.

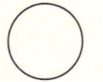

Ruhe

Du beendest die Übung mit der Zurücknahme.

| Symbol | **Übungsformel** |
| | 7. Übungstag |

Ruhe
Danach machst du alle Schwereübungen.

7. Stell dir vor, die Sonne scheint auf deine beiden Hände und Arme.
Du fühlst, wie die Sonne deine Hände und Arme wärmt.
Deine Hände und Arme sind ganz warm.

Ruhe

Du beendest die Übung mit der Zurücknahme.

Symbol	**Übungsformel**
	8. Übungstag

Ruhe
Danach machst du alle Schwereübungen.
Deine Hände und Arme sind ganz warm.

8. Stell dir vor, die Sonne scheint dir auch
auf deinen Nacken und deine Schultern.
Du fühlst, wie die Sonne dir Nacken und
Schultern wärmt.
Dein Nacken und deine Schultern sind ganz
warm.

Ruhe

Du beendest die Übung mit der
Zurücknahme.

| **Symbol** | **Übungsformel** |
| | 9. Übungstag |

Ruhe
Danach machst du alle Schwereübungen.
Deine Hände und Arme sind ganz warm.
Dein Nacken und deine Schultern sind ganz
warm.

9. Stell dir vor, die Sonne scheint dir auch
noch auf deine Füße und Beine.
Du fühlst, wie die Sonne dir Füße und Beine
wärmt.
Deine Füße und Beine sind ganz warm.

Ruhe

Du beendest die Übung mit der
Zurücknahme.

Symbol	**Übungsformel**
	10. Übungstag

Ruhe
Danach machst du alle Schwereübungen.
Deine Hände und Arme sind ganz warm.
Dein Nacken und deine Schultern sind ganz
warm.
Deine Füße und Beine sind ganz warm.
Dein ganzer Körper ist angenehm warm.

10. Stell dir vor, über deine Stirn weht ein
sanfter, kühler Wind.
Deine Stirn ist angenehm kühl.

Ruhe

Du beendest die Übung mit der
Zurücknahme.

Nun kennst du die Unterstufe des Autogenen Trainings, und hast die Schwere- und Wärmeübungen geübt. Es wird unterschiedlich lange dauern, bis die Übungen richtig «sitzen» und wirken.

Mit einiger Übung fühlst du die Wärme schon bei den Schwereübungen. Hier spricht man dann von der «Generalisierung». Dein Körper hat nun das «Programm» des AT wie einen «Code» gespeichert, den du jederzeit «abrufen» kannst. Gelingt es dir, das Schwere- und Wärmegefühl nur über die Symbole herzustellen, hast du schon viel gelernt. Später wirst du dir nur noch den Kreis als das Symbol für die Ruhe vorzustellen brauchen, und das ganze «Programm» des AT läuft fast automatisch ab.

Kleinere Kinder, die noch nicht lesen können, brauchen die Hilfe von Erwachsenen, die dem Kind erst einmal erzählen, was AT eigentlich ist, welche Wirkung es hat und für was es gut ist. Wenn ein Kind die Methode mit den Symbolen verstanden hat, kann es alleine weiterüben.

Erfahrungsbericht aus der Praxis

Die erste «Versuchsgruppe» mit Autogenem Training nach meiner Ausbildung waren Schüler einer Gesamtschule in Frankfurt. Sie waren etwa 10 bis 13 Jahre alt und recht mißtrauisch. Sie waren auf Anraten ihrer Lehrer oder Eltern «geschickt» worden und empfanden die Teilnahme an den Kursen als etwas leicht Diskriminierendes. Das «Geschicktwerden» zu den Kursen ist immer problematisch. Die Widerstände der Kinder und Jugendlichen sind häufig groß, da sie befürchten, von ihren Klassenkameraden «schief» angesehen zu werden. Sie empfinden sich durch die Teilnahme an solchen «komischen» Kursen anders als die anderen. Trotz offensichtlicher «körperlicher Symptome» entwickeln Kinder und Jugendliche wenig «Leidensbewußtsein», das sie motivieren könnte, sich aus eigenem Antrieb in eine Behandlung zu begeben. Sie greifen öfter, und dabei sind ihnen die Erwachsenen nur zu oft Vorbilder, nach «Scheinhilfen». Scheinhilfen deshalb, da nur die Symptome bekämpft, nicht aber die Ursachen aufgedeckt und aus der Welt geräumt werden.

Bei Schmerzen nimmt man Schmerzmittel; ist man deprimiert, greift man zu sogenannten Tranquilizern (Seelenaufhellern); kann man nicht schlafen, greift man zu Schlafmitteln, und so weiter. Verantwortungslose Mediziner und eine werbekräftige Pharmaindustrie unterstützen dieses passive Verhalten bei der Konfliktbewältigung noch fleißig.

Die Kinder und Jugendlichen, die in meine Praxis kommen, haben aus Uninformiertheit manches Mißtrauen und Vorurteil. Sie haben außerdem meist die Angst, daß ihre Mitschüler sie schief anschauen könnten. Die leiden zwar meist unter den gleichen Problemen und haben die gleichen Symptome und Beschwerden, trauen sich aber nicht diese zuzugeben, aus Angst, nicht der «Norm» zu entsprechen.

Die Kinder merken in den Kursen schnell, daß Autogenes Training und andere Methoden der Entspannung nichts mit «Magie» oder «fremdem, falschem Zauber» zu tun haben. Sie fühlen am eigenen Leib sehr bald die wohltuende Wirkung einer für sie manchmal neuen, tiefen inneren Ruhe und Entspannung. Sie genießen es, ihre Alltagssorgen und Probleme «abschalten» zu können, die im Verlauf der «Therapie» für sie eine andere Bedeutung bekommen. Sie «schrumpfen» auf ein Maß zurück, mit dem das Kind besser umgehen kann. Es vertraut auf seine neuen Kräfte und Energien.

Nachuntersuchungen bei Kindern, die vor Jahren in unserer Praxis gewesen waren, ergaben, daß etwa die Hälfte der Kinder weiterhin selbständig, d. h. ohne elterliche Aufforderung, AT übte. AT war in ihren Alltag integriert, und sie waren mit ihren «Erfolgen» zufrieden. Sie sind so überzeugt von der Wirkung des AT, daß sie ihre besten Freunde in die Kurse schicken. Die Symptome, wegen derer sie vor Jahren in die Therapie gekommen waren, hatten sich weitgehend gebessert, oder waren sogar verschwunden. Besonders die große Angst vor der Schule hatte sich verringert. Schlaf- und Bauchbeschwerden konnten meist ganz abgestellt werden, wenn das AT zielgerecht und regelmäßig eingesetzt wurde.

Seit einigen Jahren arbeite ich auch in einer katholischen Familienbildungsstätte, die Kurse für Jugendliche als «Gegengewicht zum Schulstreß» anbietet. Da in der Nähe der Bildungsstätte einige große Schulen liegen, werden die Kurse gut besucht. Viele Jugendliche kommen seit mehreren Jahren in die Gruppen, in denen wir nicht nur Entspannungsmethoden lehren, sondern auch miteinander reden. Private Probleme und Kümmernisse werden miteinander besprochen. Manch guter «Rat» kommt von den Gruppenmitgliedern selber. An den jeweiligen Konfliktfeldern der Jugendlichen arbeiten wir gemeinsam in einer ganzheitlichen Weise. Zu den Gesprächen über die eigene Person und ihr soziales Umfeld, wie Elternhaus, Schule, Beziehungen, gehören Körperübungen und Körpererfahrung. Diese neue Art der «Selbsterfahrung» ist ein wichtiger Bestandteil der Gruppenarbeit. Im «Schonraum» können neue Erfahrungen im körperlich-seelischen Bereich gemacht werden. Durch die tiefe Ruhe, durch (Wieder-)Finden des inneren Gleichgewichts, werden ganz neue Lösungsmöglichkeiten bei Konflikten und Problemen gefunden. Jugendliche, die für ihre Bedürfnisse kämpfen gelernt haben, entwickeln ein neues Selbstbewußtsein in persönlicher Freiheit und Stärke.

Ein Mädchen hatte eine solche Angst vor Klassenarbeiten, daß sie jedesmal vorher erbrechen mußte. Diese Angst ließ sie vieles Erlernte einfach vergessen. Ihr Kopf war ganz leer. Ihre Noten waren ihrem eigentlichen Wissen und Können nicht adäquat. Nach einer Weile AT gelang es ihr, die Angst so weit abzubauen, daß sie wieder «klar» denken konnte. Sie konnte sich auf Verlangen, in kurzer Zeit, tief entspannen, so daß ihre vegetativen Reaktionen sich veränderten. Das Erbrechen verschwand, die Magenschmerzen ebenfalls. Sie ging mit relativer Ruhe an die Arbeit und war mit ihren Ergebnissen zufrieden.

Eine Studentin berichtete, daß sie während einer Mittagspause eigentlich Zeit gehabt hätte, AT zu üben, um auch wieder frisch für die zweite Tageshälfte zu sein. Es war ein schöner, sonniger Tag, und sie ging in die Nähe der Uni, wo sie an einem kleinen Flüßchen sich an die Brücke lehnte. Sie hatte gar keine Lust, die AT-Übungen zu machen. Statt dessen träumte sie so vor sich hin, genoß die Sonne, die Wärme, und fühlte sich unheimlich gut. Sie hatte aber danach fast ein schlechtes Gewissen, weil sie nicht richtig «geübt» hatte. Ich beruhigte sie, denn sie hatte ja genau das gemacht, was der Sinn aller methodischen Entspannungsübungen ist. Sie hat «abgeschaltet» vom Alltag, sie hat sich der Muße hingegeben, sie hat sich entspannt, geträumt und danach gut gefühlt. Sie hat «meditiert». Sie hat es nur nicht bewußt getan, was den Wert aber nicht mindert. Das hinderte sie natürlich nicht daran, weiterhin, bei anderen Gelegenheiten ihr AT zu üben, um es überall «abrufen», das heißt anwenden zu können, wann immer sie es braucht.

Fast alle Jugendlichen beschrieben die positive Wirkung des AT beim Einschlafen. Sie kannten bald keine Schlafstörungen mehr.

Atemtraining

Über die Bedeutung der Atmung

Atem und Leben gehören untrennbar zusammen. Atem ist das wichtigste «Nahrungsmittel» für den menschlichen Organismus. Der Atem bringt den Sauerstoff, der durch das Blut in jede Körperzelle transportiert wird und ohne den es keine Stoffwechselvorgänge und damit kein Leben gäbe.

Der Mensch wird mit einer instinkthaften Atmung geboren. Sein Atem geschieht «un-willkürlich». Auch der schlafende Mensch oder ein Ohnmächtiger atmen automatisch weiter, ohne ihr eigenes Zutun. Jeder Mensch hat sein individuelles Atemmuster. Jedes emotionale Geschehen beeinflußt dieses Atemmuster. Freude, Ärger, Wut oder Trauer stehen in unmittelbarem Zusammenhang mit der Atmung. Etwas ist «atemberaubend» schön oder schaurig. Wir «halten vor Angst die Luft an»; bei jeder aufkommenden Erregung atmen wir «krampfhaft» ein und verkürzt aus. Die Lunge wird nicht ausreichend entleert. Das wiederum verhindert ein neuerliches tiefes Einatmen. Denn: Ein Gefäß kann ich erst dann füllen, wenn es ganz geleert ist. 50 Prozent unserer Lungenkapazität bleibt ungenutzt.

Durch die mannigfaltigen Beschränkungen eines heranwachsenden Menschen ist ihm eine freie, innere «Aufrichtung» schwer möglich. Diese innere Aufrichtung hat viel mit Atmen zu tun. Nur ein «aufgerichteter» Mensch fühlt seinen Atem als einen lebendigen Energie- und Kraftstrom durch seinen Körper fließen. Seine bewußte, tiefe und ruhige Atmung garantiert ihm eine optimale Sauerstoffversorgung, die den ganzen Organismus gesund und widerstandsfähig hält. Sein Abwehr- und Immunsystem ist wesentlich größer als das eines Falsch- oder Flachatmers. Viele Krankheiten könnten erst gar nicht entstehen, wenn sich die Menschen auf ihre natürliche, bewußte und tiefe Atmung besinnen würden. Diese führt zu der notwendigen Entschlackung des

Organismus. Ein gut gereinigtes Blut bietet den Krankheitskeimen keinen guten Nährboden. Das vegetative Nervensystem wird durch richtiges Atmen unmittelbar angesprochen; Stoffwechselveränderungen werden «spürbar». Durch die Atemgymnastik wird nicht nur eine kurzfristige erhöhte Sauerstoffzufuhr gewährleistet, sondern sie führt durch regelmäßiges Üben zu einer verbesserten «un-willkür-lichen» Atmung.

Die unwillkürliche und tiefe Atmung ist eine wichtige Voraussetzung für die körperlich-seelische «Schönheit» eines Menschen.

Der physiologische Aspekt der Atmung

Die Aufnahme von Sauerstoff (aus der Luft) und die Abgabe von Kohlendioxyd sind lebenserhaltende Prozesse. Die Lunge ist das Organ, in dem sich dieser gasförmige Stoffwechsel abspielt. Der Sauerstoff wird durch das Blut in jede Zelle des Körpers transportiert. Jeder körperliche oder auch seelische Energieaufwand benötigt einen erhöhten Sauerstoffanteil. Die Zellen (auch die Gehirnzellen) sterben ab, wenn sie nicht regelmäßig mit Sauerstoff versorgt werden.

Zur *äußeren* Atmung gehört auch die *Hautatmung*. Die sauerstoffhaltige Luft dringt über die Poren in die Haut ein. Der Sauerstoff der Luft wird an die Hautkapillaren abgegeben.

Bei Verbrennungen wirkt sich die Verhinderung dieser lebensnotwendigen physiologischen Prozesse tödlich aus. Wenn die Haut nicht mehr «atmen» kann, muß der Mensch sterben.

Bei der *inneren* Atmung geben die Lungenbläschen den Sauerstoff an das Blut ab und nehmen das Kohlendioxyd, das als Stoffwechselschlacke des Verbrennungsprozesses in den Organ- und Gewebezellen zurückgeblieben war, aus dem Blut wieder auf und scheiden es durch die Ausatmung wieder aus.

Wieviel Atem braucht der Mensch?

Die Lungenkapazität des Menschen ist individuell verschieden. Eine Rolle spielen zum einen genetische (angeborene) Faktoren, zum anderen ist die Tätigkeit eines Menschen ausschlaggebend. Diese Tätigkeit kann die Lungenkapazität verändern. So braucht zum Beispiel ein Hochleistungssportler, Sänger oder ein körperlich schwer arbeitender Mensch sehr viel Atem (Sauerstoff), und nach einem gewissen Training hat er eine entsprechend große Lungenkapazität.

Ein Mensch im Ruhezustand braucht durchschnittlich etwa 8 Liter Luft in der Minute. Beim Gehen braucht er etwa 16, beim Steigen 23 und beim Dauerlauf 57 Liter Luft in der Minute.

Im Gegensatz zur Flach- und Falschatmung kann man bei einer «trainierten» Vollatmung diese Luftmenge vergrößern.

Die Lunge

Die Lunge ist in ihrer Größe variabel. Sie ist ein elastisches Organ, das jedoch keine selbständigen Bewegungen ausführen kann. Durch ihre Lage – eingeschlossen von Brustkorb und Zwerchfell – wird sie bei deren Bewegungen automatisch mitbewegt. Dehnt sich der Brustkorb (durch tiefes Einatmen), so kann sich die Lunge mitausdehnen und in dieser Position viel Atem aufnehmen. Entspannen sich die Muskeln, die die Rippen gehoben hatten, wieder beim Ausatmen, so verkleinert sich der Brustraum, und die Lunge wird zusammengepreßt. Automatisch wird dadurch die verbrauchte Atemluft aus der Lunge herausgedrückt.

Das Zwerchfell

Das Zwerchfell (zwerch = zwei und quer) ist ein großer, kuppelförmig gewölbter Muskel, der Brust- und Bauchhöhle voneinander trennt. Beim Einatmen spannt sich das Zwerchfell und senkt sich gegen die Bauchhöhle (dies ist fühl- und sichtbar); dadurch vergrößert sich die Brusthöhle. Die Lungen können sich jetzt ganz «entfalten» und optimal mit Atem füllen. Beim Ausatmen entspannt sich das Zwerchfell wieder und drückt gegen die Brusthöhle.

Man kann die Funktion des Zwerchfells für die Atmung mit der eines Blasebalgs vergleichen; es hilft die Lungen auseinander- und zusammenzuziehen.

Das Herz

Das Herz als der treibende Motor unseres Blutkreislaufs wird unmittelbar von einer schlechten Atmung betroffen. Das Herz sorgt dafür, daß alle Organe durch das Blut mit lebensnotwendigen Stoffen versorgt werden. Das Blut nimmt auch die Abfallstoffe auf und hilft, sie aus dem Körper zu schaffen. Nimmt die Lunge durch eine flache Atmung nicht ausreichend Sauerstoff auf, so muß das Herz diesen Mangel damit ausgleichen, daß es das Blut häufiger zur Lunge pumpt. Diese vermehrte Arbeit bedeutet eine große Anstrengung für das Herz. Richtiges, tiefes Atmen unterstützt also die Arbeit des Herzens. Insofern spricht man zu Recht von der Atemfunktion als einem zweiten *Lebensmotor*.

Die Muskeln (auch Herzmuskeln)

Alle Muskeln müssen stärker durchblutet werden, wenn sie aktiv sind. Das Blut ist der «Treibstoff» für den Organismus, wie das Benzin für ein Auto. Je höher die Leistung, je höher der Kraftstoffverbrauch.

Bei ständiger bewußter, tiefer Atmung wird die Körperleistung erhöht. Da Körper, Geist und Psyche aber unmittelbar zusammenwirken, wirkt sich die gesteigerte Körperleistung auch auf Geist und Psyche positiv aus. Richtige Atmung ist nie anstrengend. Sie ist ein ausgeglichenes Wechselspiel zwischen Aktivität und Passivität, zwischen Tätigkeit und Ruhe.

Die unmittelbaren Auswirkungen der falschen Atmung auf die Gesundheit

Nicht nur unsere Lunge muß gut «durchlüftet» werden, sondern auch unser unmittelbarer Lebensraum, die Wohnung. Krankheitskeime fühlen sich in frischer, gereinigter Luft nicht besonders wohl. Sie vermehren sich lieber in sauerstoffarmen Umgebungen.

Sauerstoffreiches Blut erleichtert den Stoffwechsel, Immun- und Abwehrkräfte werden gestärkt. Das Entstehen oder Abwehren von Krankheiten hat also unmittelbar mit der Atmung zu tun. Falsches Atmen nehmen wir auch bei hektisch und schnell sprechenden Menschen wahr. Ihre Worte sprudeln nur so heraus. Sie schnappen zwischendurch nach Luft wie ein Fisch auf dem Trockenen. Ein unruhiger, nervöser Mensch hat auch eine unruhige, nervöse Sprechweise und macht seine Zuhörer nervös. Wie beruhigend wirkt auf uns dagegen die Stimme eines ruhigen, ausgeglichenen Menschen. Er macht beim Sprechen Pausen, um ruhig und entspannt atmen zu können.

Zu vieles Essen sollten wir nicht nur der schlanken Linie wegen vermeiden. Ein zu voller Magen und Darm engt die Bauchhöhle ein, diese drückt dann auf das Zwerchfell und die Brusthöhle, wodurch das Herz, zusätzlich zu seiner vermehrten Arbeit, die der Verdauungsvorgang für es bedeutet, in seiner Bewegungsfreiheit eingeschränkt wird.

Die häufig auffallende Blässe von Schulkindern hat seine Ursache nicht nur darin, daß sie sowenig an der frischen Luft sind, sondern ist die Folge einer ungenügenden Atmung durch eine ungesunde Körperhaltung. Durch langes, vornübergebeugtes Sitzen wird der Bauchraum zusammengepreßt und das Zwerchfell kann beim Einatmen nicht in den unteren Bauchraum absinken. Dies verhindert die Ausdehnung der Lunge, die dadurch nicht ausreichend Sauerstoff aufnehmen kann. Die zusätzlich noch vornüberhängenden Schultern verhindern die Ausdehnung der Flanken, sodaß auch in diesem Bereich die Atmung zu flach bleibt. Die blasse Gesichtsfarbe nicht nur der Schulkinder, sondern auch der Erwachsenen mit sitzender Arbeitsweise, ist also die Folge dieser Unterversorgung mit Sauerstoff durch eine zu flache Atmung.

Bei Streß ist ein erheblicher Sauerstoffmangel im Blut nachweisbar. Die Blutgefäße sind durch die Verspannung verengt, so daß nicht genügend Blut befördert werden kann. Eine rosige Haut ist meist das Zeichen von guter Durchblutung. Die Haut reagiert sehr empfindlich auf körperliche und seelische Belastungen und ist das äußere Zeichen innerer Befindlichkeit. Der Sauerstoff ist für die Zellerneuerung der Haut wichtig. Durch einen Mangel an frischer Luft, durch nervöse Spannungen, durch Streß jeder Art, Nikotin, Alkohol etc., wird der Haut nicht genügend Sauerstoff zugeführt. Auf diese Weise verliert die Haut ihre Elastizität und Vitalität. Die Haut «leidet» mit sichtbaren Folgen. Das Altern der Haut ist also die Folge einer unzureichenden Zellernährung. Durch intensives Atmen führen wir nicht nur der Haut vermehrten Sauerstoff zu, der gesamte Organismus bleibt länger elastisch und damit jünger.

«Lachen ist gesund» –
ein Sprichwort und seine physiologische Bedeutung

Wir sprechen von einem «zwerchfellerschütternden» Lachen und von einem «herzerquickenden» Lachen. Es «wackelt» uns der Bauch beim Lachen. Wir haben in dem vorangegangenen Kapitel gehört, daß sich bei jeder Erweiterung der Brusthöhle der Rauminhalt für die Atemluft vergrößert und durch den Druck auf die Bauchorgane deren Tätigkeit angeregt wird. Beim Lachen findet ein beschleunigter Gasaustausch in der Lunge statt. Das echte, «herzliche» Lachen ist also durchaus nachweisbar gesundheitsfördernd.

Beim kräftigen Lachen werden auch emotionale Spannungen abgebaut. Das Lachen als ein besonders vertieftes Ausatmen läßt das Blut rascher zirkulieren, die Gefäße erweitern sich, sodaß die Schlacken und Giftstoffe schneller und vollständiger ausgeschieden werden. Es ist eine vorzügliche «Entschlackung des Körpers».

Fröhliche Menschen sind einfach gesündere Menschen. Diese Menschen sind in «Bewegung». Lachen und Fröhlichkeit mobilisieren allen Lebenswillen, alle Selbstheilungskräfte in uns. Dieses wahre, innere Lachen hat nichts mit dem schnellen, oberflächlichem Lachen aus Schadenfreude oder über eine Zote zu tun. Das tief aus dem Inneren kommende Lachen, das den ganzen Menschen erfüllt, «bewegt», ist meist das Zeichen einer «lächelnden» Seele.

Philosophen in vielen Kulturen haben um die Wichtigkeit des Lachens, dem Zusammenhang von Gesundheit und seelischer Befindlichkeit gewußt und darüber geschrieben. Die psychosomatischen (seelisch-körperlichen) Zusammenhänge sind kein Ergebnis neuester Forschung. Nur ist dieses Wissen noch lange nicht in allen Köpfen verankert. Wäre es für jedermann(-frau) selbstverständlich, hätte sich die Heilbehandlung des Menschen schon längst revolutionär verändert. «Ganzheitliche» Gesundheitsvorsorge, Heilbehandlung und Nachsorge werden leider immer noch zu selten praktiziert und werden von den Krankenkassen in der Regel nicht anerkannt. Die Arbeit und die Erfahrungen der Menschen, die sich ernsthaft mit dieser Heilbehandlung befassen, die den Menschen in seiner Ganzheit von Körper, Geist und Psyche akzeptiert, werden leider immer noch von vielen Wissenschaftlern, übersehen oder gar abgelehnt.

Im Erkennen der Zusammenhänge unserer seelisch-leiblichen Befindlichkeit liegt eine Chance. Durch das Erlernen von «Methoden» wie AT, Atemgymnastik etc. können wir unsere Gesundheit verbessern und bewahren, eine Gesundheit, die mehr meint als nur das Fehlen von Krankheiten, sondern vitale Lebensfreude ist.

Körperhaltung und Atmung

Körperhaltung sagt viel über den körperlich-seelischen Zustand eines Menschen aus. Körperhaltung ist auch Körpersprache.

Der Mensch, der seine «richtige» Atmung verloren hat, ist chronisch verspannt, was sich in seiner Körperhaltung und seinem meist starren Gesichtsausdruck zeigt. Sein Gang ist verkrampft, er bewegt sich nicht mehr frei aus seiner «Mitte» heraus. Sein Gang gleicht dem einer Marionette. Verspannte und verkrampfte Haltung und Gang verhindern ein freies Fließen von Atem. Der Atem (und die Gefühle) ist blockiert. So starr und mechanisch wie Gang und Ausdruck eines Menschen arbeiten, sind auch seine Atmungsorgane. Der Körper «spricht» hier eine beredte Sprache.

Ein Mensch mit einem guten Verhältnis zu sich und seinem Körper hat eine aufrechte, bewegliche Körperhaltung. Den Kopf trägt er aufgerichtet, sein Blick klebt nicht auf dem Boden. Der Gang ist frei und schwingend. Dieser Mensch kann «loslassen», auch seinen Atem.

Menschen, die noch in ihren «natürlichen» Umfeldern leben, der Natur wenig entfremdet, sind sich selbst nicht «entfremdet». Sie haben eine natürliche «kreatürliche» Empfindung zu ihrer Körperlichkeit. Ihre Körperhaltung, ihr Gang, ihre Bewegungen unterscheiden sich stark von dem eines Menschen in einer übertechnisierten Welt.

Auch der «westliche» Tanz unterscheidet sich ganz erheblich von den Tänzen vieler Naturvölker. Die stereotypen, fast roboterhaften Tanzbewegungen in unseren Discos stehen im Widerspruch zu einem freien, emotionalen, unreglementierten Tanzen. Die weitgehende Aufhebung individueller Ausdrucksformen im Tanzen ist eine Verarmung eines «kreatürlichen» ganzheitlichen Lebensstils.

Falsches Atmen (Fehlatmung)

Die Schlüsselbein- oder Hochatmung

Die meisten Menschen atmen falsch. Sie ziehen beim Einatmen den Bauch ein und die Schultern hoch; beim Ausatmen drücken sie den Bauch heraus. Sie atmen zu flach in den oberen Brustraum hinein. Durch das Einziehen des Bauches beim Einatmen werden die Bauchorgane gegen das Zwerchfell gedrückt, das sich wiederum gegen die

Lunge wölbt. Durch das Hochziehen der Schultern wird der Brustkorb nicht eigentlich geweitet. Durch diese «falsche» Atmung ist die Lunge nicht genügend ausgedehnt, um optimal Atem aufnehmen zu können. Es entsteht ein Luftstau im oberen Brustraum, der ein ausreichend tiefes Einatmen in den unteren Lungenbereich, auch in die unteren Lungenspitzen, verhindert. Außerdem erzeugt diese Hoch- oder Schlüsselbeinatmung zuviel Spannung in Nerven und Muskeln. Ein überspannter, oberer Brustraum verhindert ein entspanntes Ausatmen. Es bleibt zuviel Spannung zurück, die wiederum ein zu hastiges Einatmen auslöst. Der Teufelskreis falscher und damit schädigender Atmung schließt sich. Nach einem tiefen, entspannten Ausatmen dagegen entsteht ein Vakuum, das wie ein Sog den Atem tief und ruhig wieder einsaugt.

Richtiges Atmen

Vollatmung (Zwerchfell-, Bauch-, Brust- und Flankenatmung)
Wir sprechen von der sogenannten *Bauchatmung* als der «richtigen» Atmung. Natürlich «atmet» der Bauch nicht. Der wichtige, große Atemmuskel, das Zwerchfell, wird mit Hilfe des Bauchmuskels nach unten in den Bauch gedrückt. Diese «Bauchbewegung» spüren wir mit unseren Händen. Beim richtigen Atmen werden gleichzeitig mit dem Zwerchfell die seitlichen Rippenmuskeln bewegt. Sie ziehen die unteren Rippen auseinander, so daß sich auch der Brustraum erweitert. Diese Atmung nennt man *Flankenatmung* oder *Rippenatmung*.
Die «Vollatmung» ist das Gegenteil der die Gesundheit schädigenden *partiellen* Atmung, also *nur* flache Brustatmung, *nur* Flankenatmung (die übrigens viele Sänger vornehmen) oder auch *nur* Bauchatmung. Bei einer partiellen Atmung wird ein großer Teil der Lunge nicht benutzt und nicht beatmet, also nicht gut «durchlüftet». Auf Dauer verliert sie so ihre Elastizität. Viele Lungenkrankheiten sind auf diese unzureichende Atmung zurückzuführen. Bei gleichmäßiger Beteiligung aller Atemmuskeln wird durch den erweiterten Brust- und Bauchraum bei minimalem Aufwand ein optimales Atemvolumen erreicht.

Das folgende Atemschema soll deutlich machen, was falsches und was richtiges Atmen ist.

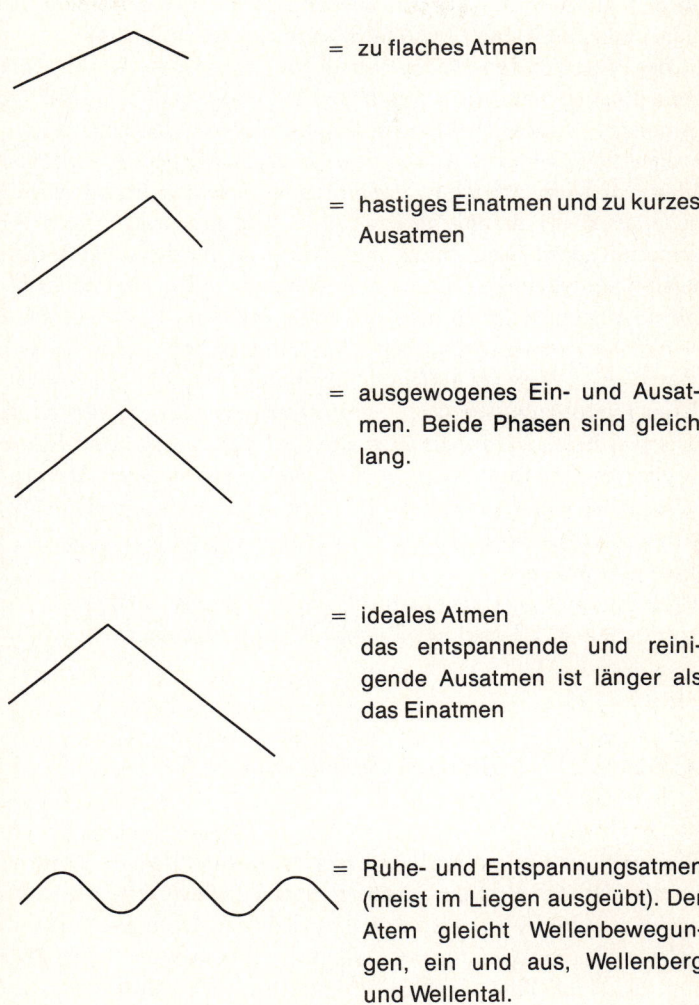

= zu flaches Atmen

= hastiges Einatmen und zu kurzes Ausatmen

= ausgewogenes Ein- und Ausatmen. Beide Phasen sind gleich lang.

= ideales Atmen
das entspannende und reinigende Ausatmen ist länger als das Einatmen

= Ruhe- und Entspannungsatmen (meist im Liegen ausgeübt). Der Atem gleicht Wellenbewegungen, ein und aus, Wellenberg und Wellental.

Die Bedeutung des Atems in anderen Kulturen am Beispiel der Yoga- oder Prana-Atmung

In den Kulturen des Altertums spielte die richtige Atmung in der Lebensphilosophie und Gesundheitslehre eine wichtige Rolle.

In der Lehre der Zen-Meditation und des Yoga ist die Atmung einer der wesentlichen Faktoren. Durch die Kontrolle und Beherrschung des Atems ist es möglich, Körper, Geist und Psyche zu beherrschen und weiter zu entwickeln. Atem ist hier auch ein Weg zur geistigen Sammlung, zur Kontemplation, zu spirituellen Erlebnissen. Für viele Menschen ist der Atem eine Hilfe auf dem Weg zu einer geistigen Vereinigung mit Gott. Die Schulung des Atems ist für den Yogi deshalb die Grundlage zu einer völligen Beherrschung von Körper und Geist. *Pranayama* heißt in der Sprache des Yogis, im Sanskrit, die Beherrschung der Tiefenatmung (*Prana* heißt Atem und Ayama kontrollieren). Für den Yogi ist Atem (Prana) vitale Kraft und Energie zugleich.

Beim Einatmen stellst du dir vor, *Prana* einzuatmen, also Kraft und Energie. Beim Ausatmen gibst du alles Verbrauchte und Belastende wieder ab, du atmest es weg von dir. Du kannst bei dieser Atmung auch von einer Form des «formelhaften Vorsatzatmens» sprechen. Du holst beim Einatmen Positives in dich hinein, und gibst beim Ausatmen Negatives von dir ab.

Diese Atemübung stärkt dein Selbstvertrauen. Es verstärkt das Gefühl von eigener Kraft und die Fähigkeit, sich selbst besser zu bestimmen.

Was ist Vorstellungsatmen?

Wenn du im Verlauf der Übungen lesen wirst, daß du deinen Atem durch deine Gliedmaßen, ja durch deinen ganzen Körper, auch warm, strömen lassen sollst, wird dich dies vielleicht erstaunen. Du hast doch gelesen, daß die Atmung (der Gasaustausch) durch die Lunge geschieht und die Haut. Physiologisch ist das richtig. Aber durch die «Vorstellung» werden ähnlich wie beim Autogenen Training Prozesse im Kör-

per ausgelöst. Die Wärme im «Vorstellungsatmen» erweitert die Blutgefäße, und sie werden verstärkt durchblutet. Dieser Vorgang ist als ein
Wärmeerlebnis deutlich fühlbar.

Vorstellungsatmen bedeutet auch, daß du Ruhe, Kraft und Energie
durch den Körper und damit auch durch Geist und Seele «schicken»
kannst. Auch hier ist die Vorstellung dem formelhaften Vorsatz des
Autogenen Trainings ähnlich. Die Vorstellung wird zur Suggestivfor-
mel für ein erwünschtes Verhalten. Die Kraft des positiven Denkens ist
hierbei eine wichtige Unterstützung.

Anleitung zum Atemtraining

Die Atemgymnastik machst du in einem gut durchlüfteten Raum. An
schönen Tagen macht das Üben im Freien viel Freude. Beim Wandern
oder Spazierengehen kannst du einige Übungen «spielend» machen.

Vor jedem Übungsprogramm beginnst du mit Aufwärmübungen, um
deine Muskeln nicht zu überanstrengen oder zu zerren. Beobachte einen
Hund oder eine Katze, wie sie sich reckt, streckt, dehnt und aus vollster
Kehle gähnt. Gähnen ist auch ein Spannungsausgleich. Das Tier wird nie
ohne Überleitung aus einer Ruhestellung sofort in Aktion treten oder
sich nie aus der Aktivität sofort in die Ruhestellung begeben.

Nach einer längeren Ruhepause sind die Muskeln weich und schlaff. Es
würde sie überfordern, ohne Überleitung eine volle Muskelleistung von
ihnen zu erwarten. Sich recken, strecken, dehnen, dabei «grunzen und
stöhnen» bedeutet eine Tonisierung (Kräftigung) der Muskeln und
Gefäße.

Bei körperlicher und seelischer Verspannung sind die Muskeln nicht
nur verspannt, sie sind sogar stark verkrampft. Deshalb sind die «Aufwärmübungen» wichtig. Das ist wie beim Sport; auch da beginnt man
mit diesen «Aufwärmern».

Zu jedem Atemtraining gehört es, das «bewußte» Atmen wieder zu
lernen. Das «un-willkürliche» Atmen geschieht ohne bewußte Steue-
rung. Fehlatmungen werden dadurch festgeschrieben. Die meisten
Menschen nehmen diese Fehlatmung gar nicht mehr wahr. Sie nehmen
sie als selbstverständlich hin und sind über die Auswirkungen nicht im
klaren. Durch ein Atemtraining bzw. -gymnastik wird der eigene, indi-

viduelle Atemrhythmus spürbar. Die Auswirkungen jeden emotionalen Geschehens auf die Atmung wird sichtbar. Du lernst, deinen Atem zu beeinflussen.

Das Atemgeschehen ist in zwei Abläufe zu unterteilen. Das Einatmen ist der aktive, dynamische Teil, das Ausatmen der passive, entspannende Teil. Unser Interesse gilt besonders dem Ausatmen. Durch das Ausatmen lösen wir Spannung und scheiden Schadstoffe aus.

Atemgymnastik hilft, sich bei Müdigkeit und negativen Gemütszuständen zu «beleben» und die Atemqualität auf Dauer zu verbessern.

Entspannungsatmen hilft Ruhe und Entspannung zu finden.

Beide Trainingsarten lassen sich aber auch verbinden. Du beginnst mit atemgymnastischen Übungen und hängst ein Ruhe- und Entspannungsatmen dran. Diese Verbindung ist sehr wirkungsvoll und wird deine Grundstimmung verbessern.

Mit einiger Übung wirst du herausfinden, welche Atemübung dir am besten hilft. Die Anwendungsmöglichkeiten sind fast unbegrenzt.

Die Einstimmung

Bevor du mit dem eigentlichen Atemtraining beginnst, müssen einige äußere und innere Voraussetzungen erfüllt sein, um zu einem befriedigenden Ergebnis zu kommen. Bei allen Atemübungen gilt der Grundsatz: Nichts erzwingen wollen. Nicht «machen» wollen, sondern «geschehen» lassen. In diesem «Geschehenlassen» liegt schon ein Teil des Erfolges, es bringt eine große Ruhe und Konzentration mit sich, mit der du deinen Körper und dich selbst besser kennenlernen wirst. Deinen Atem «strömen» zu lassen, diesen Atemstrom zu «fühlen», führt zu einer neuen Sensibilität. Du spürst Spannungsbereiche in deinem Körper auf und kannst sie ohne fremde Hilfe durch gezielte Atemübungen auflösen. Dein Körper ist vergleichbar mit einem hochsensiblen Instrument, auf dem nur ein geübter, feinfühliger Mensch eine schöne, harmonische Melodie hervorbringen kann. Der Gleichgültige, Unachtsame, Unsensible kann ein solch kostbares Instrument zerstören.

Bei allen Atemübungen atmest du in der Regel durch die Nase ein und aus. Die Nase hat die Aufgabe eines Filters. Die Nasenschleimhäute erwärmen die eindringende Luft; sie werden beim Ausatmen durch den warmen Atem befeuchtet und somit vor dem Austrocknen bewahrt.

- Nimm dir Zeit.
- Übe möglichst nicht mit vollem Magen.
- Sorge für einen gut belüfteten Raum.
- Übe auch im Freien.
- Stelle vermeidbare Lärmquellen ab.
- Zieh dich bequem an.
- Fühlst du dich bei einer Übung nicht wohl, suche nach möglichen Ursachen (falsche Zeit, extreme Wetterlage, aktuelles Problem) und beende vorzeitig die Übung.
- Übe möglichst zur gleichen Tageszeit.
- Setz dich nicht unter einen Erfolgszwang.
- Fühle dich «körperlich» und «selbst-bewußt».
- Entspanne dich – laß «los».
- Nach den Übungen wieder «un-willkürlich» atmen.
- Mach keine überflüssigen Experimente.
- Habe Geduld, Geduld und nochmals Geduld.

Ruhe- und Entspannungsatmen im Sitzen oder Liegen

Du liegst auf dem Boden oder einer Liege oder sitzt bequem auf einem Stuhl – entspannt und ruhig. Du spürst deinen Körper und dich selbst ganz bewußt, du bist selbst-bewußt.

1. Vollatmung (hier atmest du in Bauch, Brust und Flanken [seitlichen Rippenbögen] ein)
Ruhig und gleichmäßig ein- und ausatmen – Ein- und Ausatmen ist gleichmäßig lang –
einige Male wiederholen.

2. Vollatmung
Ruhig und gleichmäßig ein- und ausatmen – das Ausatmen geschieht etwa doppelt solang wie das Einatmen – wiederholen.

3. Vollatmung
Ruhig ein- und ausatmen – beim Ausatmen den Atem solange «strömen» lassen, bis die Lunge ganz leer ist und du es noch gut aushalten kannst – einatmen – ausatmen – wiederholen.

4. Vollatmung

Den Atem beim Ausatmen warm und lebendig durch deinen Körper strömen lassen (Vorstellungsatmen) – «Loslassen» dabei denken – lasse deinen Atem und die Spannung «los» – gib sie ab von dir, weg von dir – wiederholen.

5. Vollatmung

Beim Einatmen schwingt der Atem nach oben – beim Ausatmen schwingt er nach unten – du atmest ruhig und gleichmäßig – wiederholen.

6. Vollatmung

Beim Einatmen schwingt der Atem nach oben – beim Ausatmen nach unten – beide Abläufe verbinden sich zu einem längsgezogenen Kreis, einer Ellipse – der Atem geschieht kreisförmig, ganz ruhig und «rund» – wiederholen.

7. Vollatmung

Ruhig ein- und ausatmen – beim Ausatmen stellst du dir vor, du atmest alle Spannung weg von dir, sie strömt aus deinem Körper heraus – mit jedem Ausatmen strömt mehr Spannung aus Körper, Geist und Seele – du atmest die Spannung solange weg, bis du ganz «leer» geworden bist – du atmest ganz ruhig und gleichmäßig weiter – der Atem geschieht – es atmet mich – wiederholen.

Atemgymnastik im Sitzen oder Liegen

Du liegst auf dem Boden oder einer Liege oder sitzt bequem auf einem Stuhl – entspannt und ruhig. Du spürst deinen Körper und dich selbst ganz bewußt, du bist selbst-bewußt.

1. Nasenatmung

Beim Einatmen fühlst du deinen Atem an den inneren Nasenwänden entlangstreifen – ebenfalls beim Ausatmen – beim Ein- und Ausatmen fühlst du, wie dein Atem an den inneren Nasenwänden entlangstreift. Du konzentrierst dich nur auf dieses Gefühl des Atemströmens in deiner Nase – du fühlst dich ruhig und entspannt dabei.

2. Nasenatmung

Du hältst ein Nasenloch zu und atmest 6mal durch das andere ein und aus. Dann hältst du das andere Nasenloch zu und atmest durch das eine 6mal ein und aus – einige Male wiederholen – danach wieder «normal» atmen.

3. Bauchatmung

Lege deine Hände auf den Bauch (unterhalb deines Nabels) – atme in deinen Bauch hinein, so daß sich deine Bauchdecke wölbt wie ein Luftballon, den man mit Luft füllt – beim Ausatmen senkt sich deine Bauchdecke (der Luftballon wird ganz leer) – einige Male wiederholen ohne jede Anstrengung oder Spannung – danach ganz ruhig und gleichmäßig weiter atmen.

4. Vollatmung

Du atmest in deinen Bauch ein, die Bauchdecke hebt sich, nun atmest du weiter in die Brust und die Flanken (seitliche Rippenbögen) ein – beim Ausatmen senkt sich die Brust, die Flanken, der Bauch – wieder Einatmen in Bauch, Brust und Flanken – der Bauch hebt sich, Brust und Flanken weiten sich – atme ganz ruhig und gleichmäßig – ohne Anstrengung.

5. Atmung wie Nr. 4 (Vollatmung)

Darüber hinaus noch «in die Schultern» einatmen (Vorstellungsatmen) – einatmen in Bauch, Brust, Flanken und Schultern – ausatmen aus Schultern, Flanken, Brust und Bauch.

6. Atmung wie Nr. 5 (erweiterte Vollatmung)

Zusätzlich sich vorstellen, du atmest in deinen Kopf ein – ausatmen aus Kopf, Schultern, Flanken, Brust und Bauch.

7.
Du legst deine Hände auf den Bauch (unterhalb des Nabels) – du atmest in den Bauch hinein – die Bauchdecke hebt sich – beim Ausatmen den Bauch einziehen, als wolle er sich an die Wirbelsäule drücken – du fühlst, wie sich die Wirbelsäule an den Boden drückt – einatmen – Bauchdecke hebt sich, deine Wirbelsäule bleibt fest am Boden – ausatmen – Bauchdecke senkt sich – wiederholen.

8. Du legst deine Hände auf deinen Bauch – die Mittelfinger berühren sich – du atmest in den Bauch ein – die Bauchdecke hebt sich, deine Finger gehen dabei auseinander – du atmest aus, Bauchdecke senkt sich und die Finger berühren sich wieder –
wiederholen.

9. Lege deine rechte Hand auf den Bauchnabel, die linke Hand schräg über die rechte – beim Einatmen die Hände ganz locker auf dem Bauch lassen – Bauchdecke hebt sich – beim Ausatmen drückst du leicht mit den Händen deinen Bauch ein, als wolltest du alle Luft herausdrücken – beim Einatmen Hände wieder ganz locker lassen, der Bauch «schnellt» dann förmlich vor – wiederholen.

10. Lege deine Hände auf den Bauch – beim Ausatmen den Bauch zurückziehen – versuche jetzt nicht zu atmen, bewege deinen Bauch rein und raus – diese Bewegungen mit gesteigertem Tempo wiederholen – der Bauch «schnellt» jetzt automatisch rein und raus – wenn du wieder atmen willst, läßt du die Bauchbewegungen sein und atmest passiv weiter.

11. Lege deine Hände auf deine Flanken (die seitlichen Rippenbögen) – spüre, wie beim Einatmen die Rippen sich nach außen dehnen – der Brustkorb weitet sich – beim Ausatmen spürst du, wie sich die Rippen wieder zusammenschieben –
wiederholen.

12. Lege eine Hand auf den Bauch und eine auf die Flanke – beim Einatmen spürst du, wie sich Bauch und Flanken dehnen und weiten –
wiederholen.

13. Atme die Vollatmung ein – halte den Atem an – atme aus – halte an – atme wieder ein – alle 4 Phasen sind gleich lang, die Übergänge harmonisch und fließend –
wiederholen –
danach ruhig und gleichmäßig «normal» weiteratmen.

Wichtig: Nach den Übungen 1 bis 13 sollte ein Entspannungs- oder Ruheatmen angeschlossen werden, da die Atemgymnastik wie jede andere Gymnastik dynamisch, also etwas anstrengend ist.

Wenn schon unsere Kinder …

... zunehmend unter Leistungs- und Zeitdruck leiden, wird es höchste Zeit, etwas dagegen zu tun. Machen wir gleich mit, entspannen wir uns. Und vielleicht sollten wir uns auch mal leisten, andere für uns arbeiten zu lassen: z. B. Zeit und Geld.

Wärmeübungen

1. Du atmest in Bauch, Brust, Flanken und Schultern ein (Vollatmung) – beim Ausatmen läßt du den Atem ganz warm in die Arme und Hände strömen – Arme und Hände werden ganz warm – wiederholen.

2. Vollatmung
Beim Ausatmen den Atem ganz warm in den Bauch strömen lassen – der Bauch wird ganz warm – wiederholen.

3. Vollatmung
Beim Ausatmen den Atem ganz warm in die Beine und Füße strömen lassen – Beine und Füße werden ganz warm – wiederholen.

4. a) Stell deine Beine auf, die Füße stehen fest auf dem Boden – Vollatmung – beim Ausatmen schicke deinen Atem ganz warm in den Unterleib – der Unterleib wird ganz warm – wiederholen.

b) Beim Ausatmen mit dem warmen Atem den Gedanken «Kraft und Energie» verbinden – du fühlst, wie mit dem Atem Kraft und Energie in deinen Unterleib strömen – du denkst: «Ich lasse alle Spannung los» – «Ich lasse los».

c) Ziehe jetzt deine Füße dicht an den Po heran – die Beine liegen angewinkelt auf dem Boden, die Fußsohlen können sich berühren – liege ganz entspannt – lasse «los» dabei – Vollatmung – beim Ausatmen strömt der Atem ganz warm in den Unterleib – der Unterleib wird ganz warm – wiederholen.

d) Beim Ausatmen den warmen Atem mit dem Gedanken «Kraft und Energie» verbinden – du fühlst, wie beim Ausatmen Kraft und Energie in den Unterleib strömen – der Atemstrom gleicht einem Kraft- und Energiestrom, der in deinen Unterleib fließt.

5. Vollatmung
Beim Ausatmen lasse deinen Atem warm durch deinen ganzen Körper strömen – der ganze Körper wird warm – wiederholen.

6. Vollatmung
Atme gleichmäßig lang ein und wieder aus – wiederholen.

7. Vollatmung
Atme ein und etwa doppelt solange aus – wiederholen.

8. Vollatmung
Beim Ausatmen lasse deinen Atem solange durch deine leicht geöffneten Lippen strömen, bis du das Gefühl hast, daß deine Lunge ganz leer ist – in das entstandene Vakuum atmest du wieder automatisch ein – wiederholen.

9. Vollatmung
Beim Ausatmen stellst du dir vor, du würdest eine vereiste Fensterscheibe mit deinem warmen Atem auftauen wollen – beim Ausatmen spürst du deinen warmen Atem durch deine Lippen strömen – wieder einatmen – wiederholen.

10. Vollatmung
Beim Ausatmen pustest du in deiner Vorstellung eine große, brennende Kerze aus – du hörst deinen Atem, wie er aus dir herausströmt – wieder einatmen – wiederholen.

11. Vollatmung
Beim Ausatmen leicht summen, solange summen, wie du Atem hast – dann wieder einatmen – wiederholen.

12. Vollatmung
Beim Ausatmen *ha* singen, solange du Atem hast – wieder einatmen – *ha* singen – wiederholen – normal ruhig und gleichmäßig weiteratmen.

13. Vollatmung
Beim Ausatmen schickst du den Atem ganz warm in den Rücken hinein, an die Wirbelsäule in der Gegend um das «Hohlkreuz» herum – du spürst deinen Atem ganz warm die Wirbelsäule entlang ziehen, bis hinunter zum Steißbein – bei jedem Ausatmen spürst du den Atem wie einen warmen Strom an deiner Wirbelsäule entlang ziehen – dein Rücken wird so warm, daß du vermeinst, auf einem Heizkissen zu liegen.

Atemgymnastik im Stehen

1. Eutonische Körperhaltung (eu – gut, tonus – Spannung)

Du stehst gerade aufgerichtet –
entspanne dich dabei. Die Füße
sind etwa schulterbreit ausein-
andergestellt – die Fußspitzen
eher leicht nach innen – deine
Arme hängen locker herunter –
du fühlst deine Wirbelsäule aufgerichtet – du hältst deinen
Kopf aufrecht – alle überflüs-
sige Spannung gibst du ab – so
bist du in einer eutonischen Haltung. Es ist eine optimale Körperhaltung. Du fühlst dich richtig schön und wohl in dieser
Haltung.

2. Aufwärmübung 1 (warming-up)

Jede Atemgymnastikübung beginnst du mit der eutonischen Haltung. Du fühlst dich so richtig in deinen Körper ein. Du bist eins mit deinem Körper.
Du schwingst beim Einatmen die Arme nach oben und läßt sie beim Ausatmen wieder locker hinunterfallen.
Einige Male wiederholen.

3. Aufwärmübung 2

Beim Einatmen die Arme nach oben schwingen, beim Ausatmen Kopf und Oberkörper ganz locker nach unten fallen lassen. Einige Atemzüge unten verbleiben. Der Oberkörper hängt aus der Taille heraus völlig locker hinunter, der Kopf «baumelt» förmlich wie ein Puppenköpfchen. Laß ihn völlig entspannt nach unten hängen. Beim Einatmen wieder mit ausgestreckten Armen nach oben kommen und beim Ausatmen wieder herunter fallen lassen.

So etwa 3- bis 5mal wiederholen. Wichtig ist dein eigenes Wohlbefinden. Nie übertreiben!

**Einige Vorbemerkungen
für die Übungen 4 bis 16:**

Die *Phantasienamen* der folgenden Atemgymnastikübungen erleichtern das Üben. Die einzelnen Übungen können durch die
Bezeichnungen und Begriffe besser «ein-verleibt» werden. Die
bildhafte Vorstellung erleichtert durch den Assoziationswert die
Umsetzung in die entsprechende Atemübung. Nach einiger
Übung ist die Übung mit ihrem Phantasienamen «konditioniert»
(durch einen bestimmten Reiz wird entsprechendes Verhalten
ausgelöst, das durch positive oder auch negative Reaktionen verstärkt wird). Diese aus der Verhaltenstherapie gewonnenen Er-
kenntnisse werden beim Erlernen des Entspannungstrainings
«eingebaut».
Nach allen Atemgymnastikübungen einige Male ganz ruhig ein-
und ausatmen. Sich ganz entspannen dabei. Bis der Atem wieder
ganz ruhig und gleichmäßig geht.

4. Expander

Strecke die Arme nach vorne gerade aus. Halte die Fäuste so, als ob du einen Expander in den Händen hättest. Beim Einatmen ziehst du die Hände auseinander, so als wolltest du den imaginären Expander auseinander ziehen. Strecke die Arme dabei so weit zur Seite, leicht nach hinten, bis dein Brustkorb ganz gespannt ist. Atme in dieser Haltung einige Male ein und aus. Danach, beim Ausatmen, die Arme wieder nach vorne bringen. Jetzt einige Male auseinanderziehen beim Einatmen und Ausatmen, während du die Arme wieder nach vorne bringst.

5. Gummiband

Die Arme seitlich ausstrecken, anschließend weit nach hinten strecken, bis sich die Hände fassen können. Die Schulterblätter eng zusammenpressen. Danach Kopf und Oberkörper nach hinten beugen, das Becken nach vorn drücken – einige Male ein- und ausatmen. Dann beim Ausatmen den Oberkörper nach vorn beugen, die gefalteten Hände über dem Kopf nach oben ziehen. Versuche den Kopf möglichst dicht an die Knie zu bringen. Langsam beim Einatmen wieder aufrichten.

6. Vogelschwingenatmen

Beim Einatmen laß deine Arme wie die Flügel eines großen Vogels nach oben schwingen; beim Ausatmen schwingen sie wieder nach unten. Die Bewegungen harmonieren mit deinem Atem.

7. Sich selbst einwickeln

Beim Einatmen die Arme weit öffnen. Beim Ausatmen die Arme über-
kreuz eng an deinen Körper bringen. So als wolltest du dich ganz fest in
deine eigenen Arme einwickeln; so wird der Atem förmlich aus dem
Brustkorb herausgedrückt.

8. Eisblume auftauen

Tief einatmen, dabei nicht die Schultern hochziehen, sondern aus dem Bauch heraus nach oben atmen. Beim Ausatmen sind die Lippen leicht geöffnet. Laß nun deinen Atem ausströmen, als wolltest du im Winter die Eisblumen am Fenster auftauen.
Du spürst deinen Atem warm über die Lippen strömen.

9. Kerzen auspusten

Aus dem Bauch heraus einatmen. Nun stellst du dir vor, du wolltest alle Kerzen auf deiner Geburtstagstorte auf einmal auspusten.
Wenn dir dabei etwas schwindelig geworden ist, ruh dich erst ein wenig aus, bevor du die Übung wiederholst. Nicht übertreiben!

10. Atem-Summen

Einatmen.
Beim Ausatmen den Atem mit geschlossenen Lippen aus «summen»,
solange, bis du keinen Atem mehr hast. Danach wieder tief und ruhig
einatmen.

11. Eisenbahn

Einatmen.
Beim Ausatmen den Atem ruckweise, in kleinen Stößen von dir geben.
Stell dir eine alte Dampflokomotive vor, die ihren Dampf abläßt.

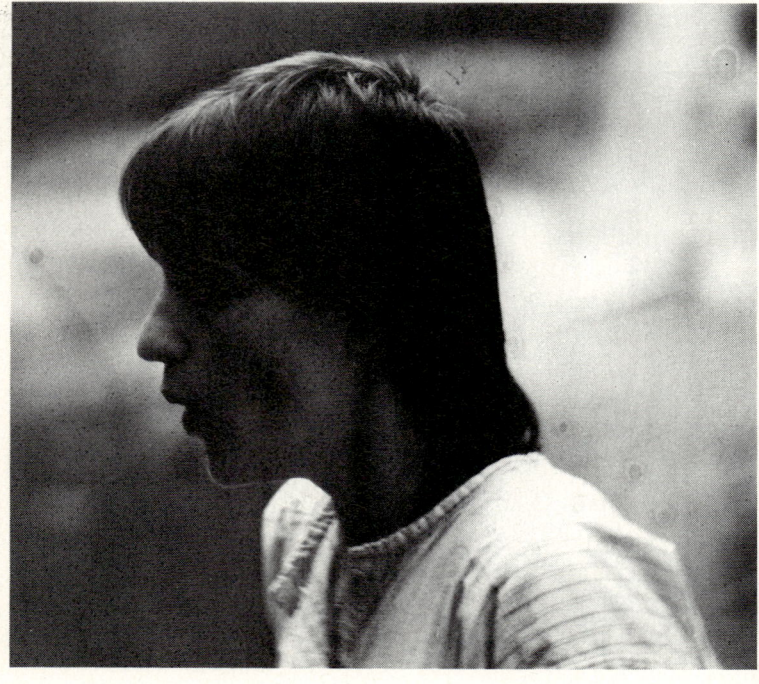

12. Atem-Singen

a) Einatmen.
Beim Ausatmen die Silbe «ha» solange «singen»,
wie du Atem hast. Wieder ruhig einatmen und
mit «ha» ausatmen.

b) Einatmen.
Beim Ausatmen «u» singen, solange du Atem hast. Du wirst
bemerken, daß du nach jeder Übung etwas länger «singen»
(ausatmen) kannst.

13. Holzhacken

Du stehst mit gegrätschten Beinen da.
Beim Einatmen die Arme weit nach oben recken, die Hände sind gefal-
tet. Beim Ausatmen läßt du dich mit einem lauten «ha» nach unten
fallen, so als wolltest du zwischen deinen Beinen ein dickes Stück Holz
spalten.

14. Pinocchio

Einatmen.
Beim Ausatmen nach unten fallen lassen. Kopf, Schulter,
Arme und Hände «schlenkern», als seist du das italienische
Kasperle Pinocchio, das so außerordentlich gelenkig ist.

15. Buch zwischen den Schultern

Du hältst die Arme angewinkelt vor deiner Brust; beim Einatmen preßt du sie seitlich an den Körper, bis du glaubst, daß du zwischen deinen Schulternblättern ein dickes Buch halten könntest.
Beim Ausatmen wieder die Arme entspannt nach unten fallen lassen.

16. Schlange

Einatmen.
Beim Ausatmen Kopf und
Oberkörper soweit nach unten
fallen lassen, daß du mit deinen
Händen deine Beine umfassen
kannst. Dabei laut «ha» sagen.
Beim Einatmen langsam wieder
aufrichten. Wenn du beim erstenmal noch nicht an deine
Beine kommst, mach dir nichts
draus. Mit der Zeit wirst du es
schon schaffen.

17. Atemzählen

Einatmen.
Beim Ausatmen solange im Geist zählen, bis deine Lunge leer ist. Nach einiger Übung wirst du merken, daß du beim Zählen immer weiterkommst. Daran kannst du deine erweiterte Atemkapazität erkennen. Du hast dann mehr Atem. Das bedeutet mehr Kraft, Energie und Ausdauer. Du verfügst über einen «längeren» Atem!

18. Bauch- und Zwerchfellpressung

Einatmen.
Beim Ausatmen den Atem «herausstoßen», als ob du einen Stoß in den Magen bekommen hättest. Beim Ausatmen hast du das Gefühl, als ob dein Bauch sich hinten an die Wirbelsäule pressen würde.

19. Sechser-Atmen

a) Beim Einatmen bis 6 zählen – beim Ausatmen wieder bis 6 zählen.
b) Beim Einatmen etwa bis 6 zählen – Atem anhalten und bis 6 zählen – wieder ausatmen, ebenfalls bis 6 zählen.

20. Intervallatmung

Einatmen, dabei bis 5 zählen, nun eine kleine Atempause machen, in dieser Zeit ebenfalls bis 5 zählen, nun ausatmen, ebenfalls bis 5 zählen – wieder eine kleine Atempause machen, auch hier wieder bis 5 zählen, erst dann wieder einatmen.
Diese 4 Atemphasen sind gleich lang, die Übergänge harmonisch und fließend.

Einatmen.
Beim Ausatmen den Atem durch den ganzen Körper warm und pulsierend strömen lassen. Der Atem gleicht einem Energiestrom. Es ist, als seist du an eine Energiequelle angeschlossen. Du «tankst» dich auf mit neuer Kraft und Energie.

Atemhilfe bei Schmerzen

Durch bewußtes, gezieltes Atmen kann man Schmerzen wirksam beeinflussen.
Schmerz ist immer ein Alarmsignal des Körpers oder der Seele.
Mit Atemübungen kannst du deine Schmerzen nicht «wegatmen».
Wichtig ist immer eine Diagnose deines Schmerzzustandes. Denn bei äußerlich sichtbaren Verletzungen, die den Schmerz «augenscheinlich» ausweisen, sind gezielte medizinische Hilfen notwendig.
Hilfen zur Selbsthilfe bei psychosomatischen Schmerzen sind dagegen in der heutigen Zeit, in der die Werbung mit schnellwirkenden «Ersatzhilfen» operiert, besonders wichtig. Allzu leichtgläubig hören wir auf die Anpreisungen einer werbeerfahrenen Arzneimittelbranche, die um ihr Millionengeschäft fürchten müßte, wenn sich die Menschen wieder auf ihre großen Selbstheilungskräfte besinnen würden. Diese Selbstheilungskräfte zu aktivieren ist Aufgabe einer jeden Therapie.
Die Stärke des physiologischen Schmerzes hat auch viel mit der emotionalen Angst zu tun. Die Furcht vor dem Schmerz führt zu einer Erwartungshaltung, die eine intensive Selbstbeobachtung auslöst und damit eine verstärkte Schmerzempfindlichkeit (Sensibilisierung). Auch wenn man stark unter Streß steht, wird man schmerzempfindlicher. Gegen diese Form von Streß-Schmerz sind alle im Buch beschriebenen Entspannungsmethoden wirksam. Aber die beste Methode kann nicht wirken, wenn du nicht an dich selbst glaubst, an deine Selbstheilungskräfte. Die Kraft des positiven Denkens ist ein wichtiger Faktor bei all diesen Heilvorgängen. Die Wirkung der Eigenbeeinflussung (Selbstsuggestion) ist groß.
In diesem Zusammenhang möchte ich eine Erfahrung schildern, die

selbst meine Hausärztin erstaunte. Ich beherrschte Autogenes Training und Atemgymnastik. Ich meditierte jeden Tag und war in meinem inneren Gleichgewicht. Mein Leben machte mir Freude. Ich fuhr ein Auto mit Schiebedach und hatte das auch im Winter immer etwas auf. Die Folge: Ich bekam eine schmerzhafte Entzündung in der Schulter durch die kalte Zugluft. Ich sollte nun alle möglichen Behandlungen über mich ergehen lassen, auch Medikamente einnehmen, die ich tief verabscheute, da ich wußte: jede Wirkung eines Mittels hat auch eine Nebenwirkung, und die ist oftmals schädigender. Ich bat sie, noch eine Weile mit «ihrer» Behandlung zu warten. Ich machte nun mehrmals am Tage meine Atemübungen, und die Wärmeübung des AT. Ich «schickte» den warmen Atem in die betroffene Körperstelle, verbunden mit meinen ganzen Selbstheilungsvorstellungen, denn ich war fest überzeugt, daß die Übungen helfen würden. Nach etwa 2 Wochen waren die Schmerzen völlig verschwunden, und meine Ärztin konnte trotz gründlicher Untersuchung keinen Entzündungsherd mehr finden. Ich fahre übrigens im Winter jetzt mit geschlossenem Schiebedach!

Du übst am besten im Liegen. So kann sich dein Körper auch muskulär völlig entspannen. Du beginnst mit der *Einstimmung* (Seite 76 f).
Du legst eine Hand oder beide Hände auf die schmerzende Stelle deines Körpers. Bei Schmerzstellen im Kopf-, Hals-Ohren- oder Nackenbereich legst du deine Finger sanft auf die schmerzende Stelle.
Beim *Einatmen* stellst du dir vor, daß du Kraft und Energie (Sauerstoff) einatmest. Beim *Ausatmen* stellst du dir vor, daß du alles Verbrauchte (Kohlendioxyd) abgibst. Du scheidest alle Schlacken aus deinem Organismus aus.
Oder: Du «schickst» beim Ausatmen deinen ganzen Atem warm an die schmerzende Stelle. Du fühlst die Wärme in dem «betroffenen» Körperteil.
Oder: Du denkst bei der Übung: «Schmerz gleichgültig». Das ist ein formelhafter Vorsatz, der auf dein Schmerzverhalten antizipierend (vorwegnehmend) wirkt und dieses korrigieren kann. Der «Vorsatz» ist wie ein Code, der in dein Unterbewußtsein eindringt, und von dort aus im Sinne der gewünschten Schmerzhilfe wirkt.
Oder: Deine Hände und Finger vermitteln dir Wärme und unterstützen die Wirkung des Atems. Es ist eine emotionale Zuwendung, die du dir selbst gibst. Es kann dich aber auch an die wohltuenden und zärtlichen Hände deiner Mutter oder deines Vaters erinnern.

Deine Fingerspitzen sind sehr empfindsam, du kennst den Begriff «Fingerspitzengefühl», was eine besondere Sensibilität bedeutet. Diese nutzen wir als zusätzliche «Schmerzhilfen». Es gibt in Naturvölkern heute noch Menschen, die Kranke heilen, indem sie ihre Hand «auflegen». Von Ärzten sagt man, daß sie Kranke «be-handeln». Leider legen die meisten heutigen Ärzte nicht mehr ihre «Hände auf».

Entspannungsatmen (bei Nervosität)

Einstimmung (Seite 76 f).

Vollatmung (Seite 77).

Die Atmung geschieht ganz ruhig und gleichmäßig. Bei jedem Ausatmen stellst du dir vor, daß Spannung aus deinem Körper strömt. So, als würde aus einem prall gefüllten Luftballon die Luft herausströmen, strömt mit jedem Atemzug Spannung aus deinem Körper. Körper, Geist und Seele werden «leer» von Spannung.

Atme solange unter dieser «Entspannungsvorstellung», bis du dich ganz ruhig und völlig entspannt fühlst, gehe dann zu deiner «un-willkürlichen» Atmung zurück. Laß deinen Atem ganz einfach «geschehen». «Es atmet mich.»

Atemübung gegen Schlaflosigkeit

Einstimmung.

Vollatmung.

«Loslassen».

Du bist ganz auf deine Atmung konzentriert. Du spürst, wie der Atem durch deine Nase einströmt, wie der Atem an den Nasenwänden entlangströmt. Du fühlst, wie sich Bauch, Brust und Flanken mit Atem füllen. Beim Ausatmen strömt der Atem wieder heraus, du fühlst ihn an den inneren Nasenwänden entlangziehen. Dies alles geschieht ganz selbständig. Immer wieder «loslassen» dabei. Die Atmung geschieht ganz ruhig und gleichmäßig.

Atemübung bei Unterleibsbeschwerden (Menstruationsschmerzen)

Einstimmung.

Vollatmung.

Du stellst deine Beine bequem leicht gegrätscht, die Füße haben einen guten Stand auf dem Boden. Du liegst ganz entspannt. Beim Ausatmen schickst du deinen Atem ganz warm in den Unterleib. Du fühlst den Unterleib ganz warm werden. Du atmest ruhig ein und aus. Der Atem strömt weiter warm in den Unterleib. Bauch und Becken sind wie ein

Auffangbecken für allen warmen Atem. Du verbindest mit dem Atem die Vorstellung von Kraft und Energie. Du denkst: «Loslassen», bzw. «Schmerz gleichgültig» bei Menstruationsschmerzen.
Abschluß: unwillkürlich atmen.
    Atem geschehen lassen.
    Es atmet mich.
    Ruhe fühlen.
Variante: Die Beine dicht an den Po ziehen, die Fußsohlen berühren sich. Der weitere Ablauf siehe Übung 3.

Atemübung gegen Darmträgheit
Einstimmung.
Vollatmung.
Du legst deine Hände auf den Bauch (unterhalb des Bauchnabels). Ausatmen, dabei den Bauch einziehen. Versuche jetzt nicht mehr zu atmen und bewege nur die Bauchdecke raus und rein. Diese Bewegung mit gesteigertem Tempo wiederholen; der Bauch «schnellt» förmlich rein und raus. Dann wieder ruhig weiteratmen, die Bauchbewegungen weglassen.
Abschluß: unwillkürlich atmen.
    Atem geschehen lassen.
    Es atmet mich.
    Ruhe fühlen.

Atemübungen gegen Kopfschmerzen (im Stehen)
Einstimmung.
Vollatmung.
Beim Einatmen die Arme nach oben recken. Beim Ausatmen sich aus der Hüfte heraus ganz locker vornüber fallen lassen. Knie lockern. Die Finger berühren leicht den Boden. Kopf, Schultern, Arme und Hände schütteln, als wolltest du dich «ausschütteln». In dieser Haltung verbleiben; der Kopf hängt ganz locker und entspannt nach unten; ruhig und gleichmäßig dabei ein- und ausatmen. Betont langsam wieder aufrichten. (Bei zu schnellem Aufrichten fließt das Blut zu abrupt vom Kopf zum Herzen zurück. Es kann dir dabei schwindelig werden.)
Abschluß: unwillkürlich atmen.
    Atem geschehen lassen.
    Es atmet mich.
    Ruhe fühlen.

Atemübung gegen Rückenverspannungen und Schmerzen (im Stehen)
Einstimmung.
Vollatmung.

a) Beim Einatmen die Wirbelsäule ganz langsam vom Lendenwirbel bis zum Halswirbel «aufrichten». Du streckst dich, ohne die Schultern dabei hochzuziehen oder deinen Brustkorb zu weit zu dehnen. Du bist ganz «aufgerichtet». Die dabei spürbare Spannung kurz halten. Beim Ausatmen die Wirbel jetzt wieder «loslassen». Du spürst, wie du kleiner wirst, bis du wieder ganz entspannt stehst.
Einige Male wiederholen.
Abschluß: ruhig und gleichmäßig atmen.
　Atem geschehen lassen.
　Es atmet mich.
　Ruhe fühlen.

b) Rechte Schulter ganz hochziehen, als wollte sie das Ohr berühren, dabei einatmen. Beim Ausatmen Schulter wieder fallen lassen – wiederholen. Linke Schulter hochziehen, einatmen – ausatmen, Schulter fallen lassen.
Wiederholen.
Beide Schultern hochziehen, dabei einatmen. Beim Ausatmen wieder fallen lassen.
Wiederholen.
Abschluß: unwillkürlich atmen.
　Atem geschehen lassen.
　Es atmet mich.
　Ruhe fühlen.

c) Rechte Schulter kreisen, dabei ruhig ein- und ausatmen. Einige Male wiederholen. Linke Schulter kreisen lassen, ruhig ein- und ausatmen. Einige Male wiederholen. Beide Schultern kreisen, dabei die Schulterblätter weit nach hinten ziehen. Ruhig dabei ein- und ausatmen.
Wiederholen.
Abschluß: unwillkürlich atmen.
　Atem geschehen lassen.
　Es atmet mich.
　Ruhe fühlen.

Atemübung gegen Hohlkreuz (im Liegen)
Einstimmung.
Vollatmung.
Lege deine Hände auf den Bauch (unterhalb des Nabels), atme in den Bauch ein, die Bauchdecke hebt sich. Beim Ausatmen den Bauch einziehen, als wolle er die Wirbelsäule an sich drücken. Du fühlst, wie er sie ganz fest an den Boden drückt. Wieder in den Bauch einatmen, Bauchdecke hebt sich. Ausatmen, Bauchdecke senkt sich «an den Boden». Dabei «loslassen».
Abschluß: unwillkürlich atmen.

Atem geschehen lassen.

Es atmet mich.

Ruhe fühlen.

Übungen zum Abbau von Aggression, Wut und Spannungen

Mit diesen Übungen kann man die *Ursachen* von Aggression, Wut und Spannungen natürlich nicht beseitigen.

Diese Ursachen sind uns oft gar nicht so recht bewußt. Viele tägliche Kränkungen und Verletzungen, die wir einzeln gar nicht recht wahrnehmen, lassen allmählich ein erdrückendes Gefühl von Ohnmacht und Wut entstehen. In unserer Seele sammeln sich im Laufe der Zeit viele uns belastende und kränkende Gefühle und Erfahrungen. Es sind meist unverarbeitete Situationen, Dinge, denen wir ausweichen, die wir verdrängen. Aber mit diesem Nicht-Aufarbeiten werden sie natürlich nicht aus der Welt geschafft. Sie werden zu einem Zündstoff, der bei entsprechendem «Auslöser» explodiert. Wenn wir ein kleines Kind beobachten, sehen wir deutlich, wie es mit seinen Gefühlen umgeht. Es drückt seine emotionale Befindlichkeit direkt aus. Es schreit vor Wut oder Kränkung, es «brüllt» vor Lachen, wenn ihm danach zumute ist. Es ist noch ganz dicht an seinen Gefühlen dran, es kontrolliert sie nicht. Es äußert sie nach seinem jeweiligen Gemütszustand im Hier und Jetzt. Leider wird ihm dieses natürliche Verhalten regelrecht «aberzogen». Häufig geschieht das mit dem leider nicht ganz unberechtigten Hinweis: die Nachbarn beschweren sich. Die Vorstellung, in einem Hochhaus mit sehr vielen Mietern würden alle Kinder ihre spontanen Gefühle ausleben, hat schon etwas Erschreckendes.

Kinder müssen lernen, ihre Gefühle zu beherrschen und zu kontrollieren. Die Freiheit des einzelnen geht nur bis zur Freiheit des anderen. Eltern und andere Erwachsene setzen der Freiheit ihres Kindes aber oft zu enge Grenzen. So bauen sich Aggressionen auf.

Wenn wir anfallende Konflikte und Probleme möglichst bald verarbeiten, uns also mit ihnen auseinandersetzen, kann der «Druck» abgelassen werden.

Die Übungen des Autogenen Trainings, der Atemgymnastik und der Meditation befassen sich ausführlich mit der «Druckentlastung», mit dem (Wieder-)Herstellen des inneren Gleichgewichts. Aus vielen Erfahrungen wissen wir um die Wirksamkeit dieser «Hilfen zur Selbsthilfe», um zu einer besseren Lebensqualität zu kommen.

Das Einbinden dieser «Lebenshilfen» in den Alltag verändert diesen positiv. Es ist eine wirkungsvolle Psychohygiene (Seelengesundheitspflege), um die wir uns täglich kümmern sollten. Jeder putzt sich jeden Tag seine Zähne (wer will sie schon gern verlieren?), aber wer putzt auch jeden Tag seine Seele?

Trotz dieser «Lebenshilfen» wird es weiterhin Konflikte und Probleme geben, mit denen wir uns auseinandersetzen müssen. Das gehört einfach zum menschlichen Dasein. Keine noch so wirkungsvolle Therapie kann uns ein sorgenfreies Leben bescheren. Der «Kampf» gehört zu unserer Entwicklung dazu. Wenn wir ihn bewältigt haben, sind wir wieder innerlich ein Stück gewachsen, reifer geworden. Die Menschen, die schnell den Kopf hängen lassen, die leicht verzagen, werden nie ihre wahren Kräfte kennenlernen. Wer zu schnell aufgibt, wird sein Selbstbewußtsein ebenso schnell verlieren.

Wenn es trotzdem zu unerträglichen Aggressionen, Wut und Spannungen kommt, können gezielte Übungen uns helfen, diesen «Überdruck» loszuwerden.

Es gibt *dynamische* Meditationsübungen (aus Japan und China), die aus dem frühen Kampfsport kommen. Das sind Bewegungsabläufe nach festen Regeln, die der völligen Konzentration bedürfen und im Verlauf der Übungen emotionale Spannungen abbauen.

Ich will an dieser Stelle einfache Übungen beschreiben, die sich im Laufe der letzten Jahre in meiner Praxis bewährt haben.

Es sind Übungen, die zum Teil aus dem Yoga und der Bioenergetik stammen, zum Teil auch von mir entwickelt worden sind.

1. Der Löwe
Du kniest auf allen vieren, streckst die Zunge weit heraus. Du schreist wie ein Löwe, solange du noch Spannung spürst.

2. Jogging auf der Stelle
Du stehst, möglichst am offenen Fenster, in der Haltung eines Joggers (Dauerläufer). Nun «läufst» du auf der Stelle einige Minuten lang in

einem dir angenehmen Tempo. Steigere dies. Du spürst, wie sich dein
Puls langsam erhöht. Nach einer Weile «rennst» du auf der Stelle,
«trample» dann all deine Spannung in den Boden! Danach verlang-
same wieder dein Tempo, bis du ruhig zum Ende kommst. Deine Atmung beruhigt sich allmählich.

3. Holzhacken
Du stehst mit gegrätschten Beinen da. Beim Einatmen streckst du deine
gefalteten Hände weit über deinen Kopf. Beim Ausatmen «fällst» du
mit einem lauten «ha» nach unten zwischen deine Beine, so als wolltest
du ein ganz dickes Stück Holz durchhacken.

4. Schattenboxen
Du stellst dir deinen (imaginären) Feind vor. Jetzt boxt du abwechselnd
mit deinen Fäusten auf diesen ein. Du kannst dabei schreien; laß den
Atem und die Spannung «raus»!
Nichts festhalten. Gib alles von dir ab. Laß alles «los».

5. Schattentreten
Du schleuderst deine Beine abwechselnd aus dem Knie heraus nach
vorn. Sie «fliegen» förmlich nach vorn. Lege alle deine Spannungen,
deinen Ärger, deine Wut und Aggression in diese Bewegung. Begleite
dieses Schattentreten mit lautem Schreien. Gib all deine aggressiven
Gefühle von dir ab. Tritt sie ganz einfach weg von dir!

Übungen Nr. 4 und 5 können auch verbunden werden

6. Kissenschlagen
Bei großer Spannung oder Wut schlage auf dein Kopfkissen ein, so fest
du nur kannst. Laß deine Wut heraus. Schrei sie heraus! Danach atmest
du wieder ruhig und fühlst dich «erleichtert».

7. Ärger wegwerfen
Du stehst mit gegrätschten Beinen da. Heb vom Boden allen Ärger mit
beiden Händen auf, recke dich beim Einatmen nach oben und schleu-
dere den ganzen Ärger über deinen Kopf. Wirf ihn in die Luft hinein,
weit weg von dir. Bücke dich und hole das nächste Quantum Ärger, bis
du alles weggeschleudert hast.

8. Rock'n'Roll

Ziehe deine Knie im Sitzen dicht an deinen Körper, umschließe sie mit beiden Armen. Jetzt rollst du auf dem Rücken vor und zurück, bis deine Fußspitzen beim Vorwärtsrollen fast den Boden berühren und dein Kopf beim Zurückrollen fast auf den Boden trifft. Ohne Unterbrechung rocken und rollen, bis du dich erschöpft und gelöst fühlst!

Meditation für Kinder und Jugendliche

Was ist Meditation?

Ich erinnere mich an meine erste Jugendgruppe, mit denen ich Meditation üben wollte. Ich fragte die Jugendlichen in der ersten Stunde, was sie unter «Meditation» verstehen würden, was sich mit diesem Begriff für sie verband. Die meisten schauten etwas verlegen zur Seite, als sei mit dem Begriff *Meditation* etwas «Zweifelhaftes» verbunden. Im allgemeinen Sprachgebrauch ist mit «zweifelhaft» meist etwas negativ zu Bewertendes gemeint. Aber eigentlich bedeutet es doch, «in Zweifel zu sein», also keine klare Antwort zu haben, nach dem «Sinn» zu fragen. In der sich anschließenden Diskussion wurde deutlich, daß die Jugendlichen tatsächlich «im Zweifel» waren über die Bedeutung und dem Wert von Meditation.

«Das ist doch was für Spinner», meinte einer, und ein anderer: «ist für leicht Bekloppte».

Aber auch «Ruhe» verband sich für einige damit. Im Fernsehen würde öfter mal was über Meditation gebracht, aber es hätte sie nie so recht interessiert. Mit Kirche hätte Meditation etwas zu tun, auch mit fremden östlichen Ländern und Kulturen. Aber: was kann denn ich damit anfangen?

Einige wünschten meditieren zu können, um etwas «Großartiges» erleben zu können. Sie hatten über die bewußtseinserweiternde Wirkung der Meditation gehört; «so ähnlich wie bei Drogen». Eine allgemeine Unsicherheit war spürbar, alle meinten, es brauche einer «rituellen Einführung» in die Meditation, wenn man die «Wirkung» richtig spüren wolle. Als ich ihnen sagte, daß jeder von ihnen schon meditiert habe, schüttelten sie ungläubig den Kopf. Das konnten sie nicht glauben.

Der Begriff Meditation leitet sich ab von meditatio (lat.): Denken, Sinnen, Betrachten.

Wer hat nicht schon «versunken» aus dem Fenster geschaut, am Meer gesessen, den Wellen zugesehen, dem Fließen eines Baches oder Flusses, wer hat nicht schon den Wolken nachgesehen, eine Blume oder einen kleinen krabbelnden Käfer betrachtet? Wer hat nicht schon vor sich hingeträumt? Den Alltag beiseite geschoben, Sorgen und Probleme für eine Weile vergessen? Die meisten erinnerten sich, sich danach ruhiger und wohler gefühlt zu haben, so als wäre man für eine Weile auf einer «Insel der Ruhe» gewesen.

Durch diese Beispiele waren die Jugendlichen nachdenklich geworden. Ja, solche Erfahrungen hatten sie schon gemacht. Das war also meditieren? So einfach ist das? Ja und Nein.

Oft habe ich zu Beginn eines Meditationsseminars die Teilnehmer gefragt, was ihnen bei dem Wort Meditation ganz spontan einfiele.

Ich habe die Wörter und Begriffe auf eine Tapetenrolle in verschiedenen Farben notiert. Danach konnte jeder seine «Einfälle» und auch Erwartungen an die Meditation erläutern. Hierdurch lernten sich die Teilnehmer besser kennen. Der weitere Verlauf des Seminars geschah in einer vertrauteren Atmosphäre. Das sonst übliche Fremdeln wurde dadurch schnell abgebaut.

Sammlung einiger «Einfälle» zu dem Wort Meditation:

Besinnen	Toleranz
Ruhe	Selbstbewußtsein
Atmen	Selbstfindung
Entspannen	Selbstwert
Sauerstoff	Freude
Wärme	Mitte finden
Friede	Gleichgewicht
Stille	Tür nach innen
Zufriedenheit	Rücksicht
Ausgeglichenheit	Freier Geist
Loslassen	Einheit von Körper und Seele
Erweiterung	Positives Denken und Sehen
Aufrichten	Farbe
Probleme	Musik
Streß	Weite
Konzentrieren	Raum
Geduld	Nähe

Liebe	Kraft
Zuversicht	Einsicht
Sammlung	Grenzen überspringen
Reifung	Öffnung

Das Kind und sein Tun

Schau einem kleinen Kind zu, wenn es stundenlang ganz «versunken» in die Betrachtung eines Spielzeuges ist oder sich mit ihm beschäftigt. Das Kind vergißt die Außenwelt, es schaltet ab. Es ist ganz in sich, in sein Tun «versunken». Die Gegenstände, mit denen es sich beschäftigt, faßt es an, es fühlt sie, es be-greift sie. Es verinnerlicht sie. Besonders das Kleinkind, das alle Gegenstände, die es interessiert, in den Mund steckt. Damit werden sie «ein-verleibt», verinnerlicht. Das Kind, der Gegenstand und sein Tun sind eins. Dieser «Versenkungsvorgang» scheint einfach zu sein, einfach aber nur deshalb, weil das Kind keinerlei Leistungsanspruch damit verbindet. Es hat keinen Willen zum Erfolg mit seinem Tun. Das Tun ist zweckfrei, dient nur seiner Lust. Das Kind läßt «geschehen». Diese kostbare Fähigkeit geht im Verlauf des Erwachsenwerdens leider wieder verloren. Das Kind erfährt sehr bald, daß dieser paradiesische Zustand der selbstbestimmten Ruhe nur von kurzer Dauer ist. Es muß meist recht schmerzhaft lernen, daß das «Tun» in den Augen der Erwachsenen immer mit dem Zwang nach Erfolg verbunden ist. Man «tut» etwas nicht nur so aus Spaß, es muß einen Sinn, Erfolg haben. Beides wird allerdings nach den Kriterien der Erwachsenen bestimmt.

In der Vorschule, auch schon im Kindergarten, werden die Kinder geschult, systematisch zu denken, zu lernen und zu «tun». Alles muß Ergebnisse bringen, nur danach wird gelobt, geliebt. Jedes Tun bekommt bald einen fast zwanghaften Charakter. Nichts ist mehr zweckfrei. Das Kind wird kognitiv geschult, emotionale Fähigkeiten gehen verloren. Damit wird das Kind aus seinem Paradies vertrieben. Es wird in die gültige Leistungs- und Konkurrenzgesellschaft eingepaßt. Es muß ein nützliches Mitglied dieser Gesellschaft werden.

Sicher kann niemand ewig Kind bleiben, aber erwachsen zu werden sollte nicht bedeuten, seine kindlichen Eigenschaften ganz zu verlieren. Bei vielen Erwachsenen fällt es einem schwer zu glauben, daß auch sie einmal Kinder waren.

Kindliche Neugier an allem Neuen, die Lust zu untersuchen, Begeisterungsfähigkeit, Spielfreude, Experimentierfreude, Geduld sind Eigenschaften, die im Erwachsenenleben nicht verloren gehen dürften. Loslassen können, Abschalten, Ruhe und Gelassenheit sind lebensnotwendige Tugenden. Wer nur auf Leistung und Erfolg programmiert ist, vergißt schnell den «paradiesischen» Anteil seines Wesens. Der Alltag wird grau, das Leben verliert die leuchtende Farbigkeit der Kindheit. Es ist eine eingeengte Welt, in der die Phantasie fehlt. Kein Mensch kann der Realität entfliehen. Diese ist für viele Menschen belastend, aber sie läßt sich besser ertragen, wenn «paradiesische Elemente» der Kindheit in das Erwachsenenleben integriert bleiben.

Nach innen schauen lernen

Nach innen schauen, sich erkennen lernen, ist nur in einer wirklichen Ruhe möglich. Diese Ruhe zu finden fällt nicht nur Erwachsenen schwer, zunehmend mehr Kinder und Jugendliche leiden unter Streß. Hier kann die Meditation ein wirksames Gegengewicht und einen Ausgleich schaffen. Sie ist ein Weg zur tiefen Ruhe und inneren Gelassenheit. Das hat nichts mit Flucht aus der Verantwortung zu tun, auch nicht aus der Verantwortung sich selbst gegenüber. Die Meditation bietet Hilfe an, den Alltag besser zu bewältigen.

Die Meditation, als Konzentrationsübung eingesetzt, hilft, sich nur *einer* Sache zuzuwenden. Der Geist richtet seine ganze Energie und Fähigkeit auf eine Sache. Das heißt nicht, diese Konzentration mit Zwang oder Willen herstellen zu wollen. Wille ist Spannung und damit das Gegenteil von Entspannung, von der erwünschten Ruhe und Gelassenheit. In der tiefen Entspannung und Ruhe der Meditation wird das Tages- und Wachbewußtsein ausgeschaltet. Die Sinne werden von der Realität, der unruhigen Welt, abgezogen. Diese «Leere» öffnet das Unbewußte, welches ein unermeßlich weiter Bereich unseres Geistes, unserer Seele, ist. In diesem «Zustand» findet man leichter zu sich selbst. Man erkennt Wünsche und Bedürfnisse, lernt Vertrauen zu sich selbst zu entwickeln, lernt sich «anzunehmen».

Das Finden zu sich selbst, die Selbstakzeptanz, bedeutet auch Befreiung von Zwängen, Abhängigkeiten und Ängsten. Es ist ein weiterer Weg zu mehr Selbstbestimmung, zum Abbau von Fremdbestimmung.

In der Meditation kann Unbewußtes bewußt gemacht werden. Verdrängte, abgeschobene Sorgen und Ängste werden bewußt «fühlbar». Nur was einem «bewußt» ist, kann man angehen, verändern. Mit Erlebnissen, die aus dem Unbewußten kommen, kann man sich konstruktiv während und nach der Meditation auseinandersetzen. In einer tiefen Ruhe fallen einem Lösungsmöglichkeiten ein, die im Trubel des Alltags schlecht «sichtbar» werden.

Eine ältere Frau kam einmal sehr aufgeregt in die Stunde, sie suchte seit Tagen vergeblich die Rente ihres Mannes. Sie glaubte, an diesem Tag keinen Erfolg mit der Ruheübung zu haben. Nach der Übung, die ihr zu ihrem großen Erstaunen doch gelang, rief sie: «Ich hab's!» Sie «sah» während der Meditation das Geld hinter der Schublade in der Kommode liegen, in der sie sonst das Geld aufbewahrte. Es war aus der Schublade nach hinten herausgefallen. Sie rief mich am nächsten Tag an und bestätigte den Erfolg ihres Fundes.

Die bewußtseinserweiternde Wirkung der Meditation

Meditation kann mehr bewirken als tiefe Entspannung und große innere Ruhe. Über unser Tagesbewußtsein hinaus erreicht sie auch den transzendentalen oder spirituellen Bereich. Der transzendentale (lat.) Bereich beginnt dort, wo die Grenzen der Erfahrung und der sinnlich erkennbaren Welt überschritten werden. Spirituell oder Spiritualismus (lat.) ist die metaphysische Lehre, die das «über» und «hinter» der sinnlich erfahrbaren, natürlichen Welt Liegende behandelt, die das Wirkliche als geistig oder als Erscheinungsweise des Geistigen annimmt. In der theologischen Lehre ist das die unmittelbare geistige Verbindung mit Gott.

Bei Meditationsübungen ohne gelenkte Phantasie oder Vorgaben kann es zu vielerlei Erlebnissen kommen. So kannst du z. B. «deine Eigenfarbe» entdecken. Es kommt zu Farberlebnissen, die ungesteuert entstehen. Die «spirituelle» Eigenfarbe ist nicht mit deiner Lieblingsfarbe identisch. Erscheint sie vor deinem «inneren» Auge, so hast du den «Beweis», daß du in einem meditativen (tief entspannten) Zustand bist. Es bleibt oft nicht bei einer Farbe, mehrere Farben erscheinen, mischen sich zu Mustern und Ornamenten. Mit der Zeit gewinnt meist die eigentliche Eigenfarbe wieder die Oberhand.

Zu Beginn deiner Meditationserfahrung und -übung kannst du der

Phantasie noch einen kleinen Schubs geben, indem du die «gelenkten Phantasien» anwendest. Der sehr geübte, jahrelang meditierende Mensch braucht später keinen Anstoß mehr. Sein Innenleben ist reich an Phantasien; transzendentale Erlebnisse sind für ihn keine Ausnahme mehr.

Die Bedeutung von Meditation in der heutigen Zeit

Flucht oder Hilfe? Immer wieder werde ich in meinen Jugendgruppen mit dieser Frage konfrontiert. Die Jugendlichen sind im Zweifel, ob es gerechtfertigt ist, sich «Inseln der Ruhe und Imagination» zu schaffen, wo doch für viele Menschen die nackte Existenz in Frage steht, wo Hektik und Unsicherheit in einer Welt vorherrscht, die von Umweltzerstörung bis hin zur akuten Kriegsgefahr bedroht ist. Das beängstigende Ansteigen der Arbeitslosigkeit, die Ausbeutung und Zerstörung der Natur, der Verlust an Glauben, die Isolierung und Vereinsamung der Menschen, das alles macht die Sinn-Frage brisanter denn je.
Wir alle hoffen auf Einsicht und Vernunft. Es ist «sinnlos», in tiefe Resignation zu verfallen, die zu Verweigerung und Resignation führt. Das Hoffen auf die Vernunft und Einsicht, um doch noch die Welt vor ihrer endgültigen Zerstörung bewahren zu können, führte zu der weltweiten Solidarität von Menschen, unabhängig von Alter, Geschlecht, Religion, sozialer Herkunft, die nicht mehr darauf warten wollen, daß Politiker in den unterschiedlichsten Systemen für sie bestimmen. Diese engagierten Menschen wollen im Sinne ihrer subjektiven Interessen sich selbst bestimmen. Das erfordert viel Kraft, Energie, Ausdauer und Zähigkeit. Menschen, die ständig um ihre eigenen Alltagsprobleme kreisen, die jeden weiteren Horizont verloren haben, werden diese Kraft nicht aufbringen können. Nur der in sich ruhende, ausgeglichene Mensch wird diese Kraftreserven haben, um sich einsetzen zu können in einem Kampf, bei dem es um die Erhaltung unserer Welt geht. Ein Mensch, der in seinem inneren Gleichgewicht ist, trotz des Verlusts des äußeren, ist belastbarer für diese große Aufgabe und Verantwortung.
Bei vielen Jugendlichen kann das Hinwenden auf die ganz großen Weltprobleme und der Versuch sie lösen zu wollen eine Flucht aus der eigenen sozialen Wirklichkeit bedeuten.
Der Mensch meint, seine eigenen Probleme beiseite schieben zu kön-

nen, wenn er sich für das Elend anderer einsetzt. Er braucht aber große Energie und Kraft, um zunächst mit sich selbst «zurechtzukommen» und seine eigenen Probleme lösen zu können. Nur wer standhält und kämpft, hat Phantasien und Utopien, die er in die Realität umzusetzen versuchen wird. Dazu braucht er einen «langen Atem».

Meditation durch gelenkte Phantasien
(siehe auch Praxisteil ab Seite 120)

Meditationsübungen durch gelenkte Phantasien sind für viele eine Hilfe zum Einstieg in den erwünschten meditativen Zustand, der große innere Ruhe und Gelassenheit bedeutet. Die sogenannten «Tag-Träume» lösen ähnliche Gefühle aus. Das Vor-sich-hin-Träumen schaltet die Außenwelt, den Alltag für eine Weile aus und damit auch persönliche Probleme und Sorgen. Der Unterschied zu den meditativen Übungen besteht allerdings in dem *un-willkürlichen* Abschalten, während Meditation eine gezielte *konzentrative* * Hinwendung zu dem erwünschten Ruhezustand ist. In diesem Ruhezustand verlasse ich die Ebene des Tagesbewußtseins und steige tiefer herab in andere Bewußtseinsschichten, die nahe dem Unterbewußtsein sind.
Die ab S. 130 beschriebenen «Bilder» sind aber kein «Muß»; man kann ihnen beliebig folgen, aber auch seinen eigenen Phantasien nachgehen. «Höre» und «sieh» nur das, was aus deinem eigenen Inneren kommt!
Die Meditation durch gelenkte Phantasien regt die eigene Phantasie an. Die Erlebnisfähigkeit wird erweitert. Die Phantasien in der Meditation bedeuten nicht Flucht aus dem grauen Alltag, es sind lediglich kleine erholsame Ausflüge. Es sind «Inseln der Ruhe». Unsere Welt ist nüchtern, oft kalt, so daß die Hinwendung zu Gefühlen und Phantasien, zu Imaginationen und Poesie eine Bereicherung bedeutet. Durch die vielen genormten, vorgeformten und verformten Bilder in den Medien verkümmert die eigene Phantasie. Ein Teil der sinnlichen Erfahrungen, die unser «Sehen» und «Erleben» ausmachen, verkümmern. Die Überbetonung alles Rationalen in dieser Welt engt die emotional-geistigen und auch spirituellen Fähigkeiten des Menschen ein.
Die Meditationsübungen durch gelenkte Phantasien entwickeln und erweitern die optische Vorstellungssphäre in unserem Inneren, in unse-

* Bedeutung der Konzentration (auch für die Meditation), siehe Seite 120 f

rer Seele. Diese positiven Eindrücke verhelfen zu einer positiveren Lebenseinstellung. Die große, meist ungenutzte Kraft des positiven Denkens wird gestärkt. Die Übungen, die wir in unseren Alltag, in unser Leben, integrieren, verhelfen uns zu einer inneren Harmonie.

Wie sehr unser Körper durch unsere geistigen Vorstellungen beeinflußt werden kann, wird an den folgenden Geschichten deutlich:

«In der Nähe von Oberstdorf waren zwei Bundeswehrsoldaten von einer Lawine verschüttet worden. Suchtrupps fanden sie. Einer der jungen Männer war tot, der andere, direkt neben ihm liegend, lebte noch. Er hätte es sogar noch einige Stunden länger ausgehalten. Wieso dieser Unterschied? Beide waren im gleichen Alter, in der gleichen körperlichen Verfassung. Der Überlebende hatte vor einigen Jahren Autogenes Training erlernt und hatte es die ganze Zeit während seiner Verschüttung angewandt. Er hatte durch die Wärmeübung des Autogenen Trainings dem Erfrierungstod widerstanden. Die verstärkte Durchblutung und die Verlangsamung des Kreislaufs durch das AT hatte dem gesamten Organismus noch eine Lebenschance ermöglicht. Er hatte sein Energieprogramm auf das Mindestmögliche reduziert und so überlebt. Ich denke aber, daß auch der Glaube an sich selbst, das Vertrauen auf seine geistigen Kräfte durch das Autogene Training, ihm das Überleben ermöglicht hatten. Er wollte sich nicht aufgeben. Er wollte leben.»

Aber auch: «Es wurde ein Mann in einem Kühlwagen erfroren aufgefunden. Er war die Nacht über darin eingeschlossen gewesen, man hatte ihn vergessen. Er konnte sich von innen nicht bemerkbar machen und auch den Wagen von innen nicht öffnen. Bei der Obduktion wurde Tod durch Erfrieren festgestellt. Die Kühlaggregate waren jedoch *nicht* eingeschaltet gewesen. Er hatte sich das nur ‹eingebildet›, meinte, daß er nun erfrieren müsse, und sein Geist gab dem Körper alle dazu nötigen Impulse und Befehle.»

Meditation mit «Sinn-Wörtern»
(siehe auch Praxisteil ab Seite 120f)

Diese Meditationsübungen bieten eine Chance, über ein neues Selbst-Bewußtsein an tiefe Wurzeln des eigenen Seins zu gelangen.
Jede Spannung, körperliche und seelische, bewußte oder unbewußte, wird ausgeschaltet. Ein Gefühl von Ruhe und Gelassenheit erfüllt dich. Nichts Wesentliches stört mehr. Ein Gefühl wirklichen Friedens in dir

und mit dir wird erlebbar. Deine Selbstheilungskräfte werden mobilisiert. Positive Gedanken sinken während der Meditation in das Unterbewußtsein, sie wirken von dort auf das gewünschte Verhalten, auf das «Sein».

In der Meditation führen die «Sinn-Wörter» dazu, sich intensiver mit ihrer Bedeutung für das eigene Leben auseinander zu setzen. Die schwierige Frage nach dem «Sinn» kann nur in der völligen Ruhe, in dem Losgelöstsein vom Alltäglichen, eine Antwort finden. In der tiefen Ruhe einer geistigen Übung bist du der Mittelpunkt deines eigenen und des kosmischen Lebens. Du bist eins mit Gott. Meditation mit «Sinn-Wörtern», deren Bedeutung im Alltag oft «sinn-entleert» oder zumindest fragwürdig geworden ist, hilft bei einer neuen Wertbestimmung und setzt andere Prioritäten.

Meditation über Vergangenheit, Gegenwart und Zukunft
(siehe auch Praxisteil ab Seite 120f)

Für den Jugendlichen auf der Suche nach der eigenen Identität ist die Frage: «Wer und was bin ich? Was will ich?» oft bohrend und quälend. Erwachsene geben selten befriedigende Antworten auf existenzielle Fragen nach dem «Sein» und dem «Sinn». Sie sind mit sich selbst überbeschäftigt, beurteilen (verurteilen) nach ihren Normen und Werten, so daß viele Jugendliche mit Protest oder Flucht reagieren.

Viele Jugendliche versuchen mit der «Schein-Hilfe» von Alkohol, Sex und anderen Drogen der eigenen Unsicherheit zu entkommen. Die Kirchen haben lange Zeit keine ausreichende Hilfe angeboten. Gurus und Scharlatane aller Schattierungen beuten die seelische Not der Jugendlichen aus. Die Verführung durch die jeweilige «Heils-Lehre» hat schlimme Folgen. Sie führt zu Irr-Wegen, bis hin zur Auslöschung der eigenen, sozialen Identität. Sie führt meist vom «rechten» Weg ab, den zu finden sich jeder wünscht, und der ein Weg ist zu Selbstbestimmung und Selbstverwirklichung. Hier setzen die Meditationsübungen über Vergangenheit, Gegenwart und Zukunft ein. Sie verhelfen zu mehr Klarheit und Einsicht in das eigene Leben.

Wenn du für dich allein üben willst – Praxisteil

Voraussetzungen für eine erfolgreiche Meditation sind das «Loslassen»-Können von Atem und Spannung. Du kannst mit deinem Willen Entspannung nicht erzwingen, denn Wille ist Spannung! Die Konzentration auf die Atmung, ihre Kontrolle, Regulierung und Beruhigung sind wesentliche «Einstiegshilfen». Geschehen lassen, was immer geschieht. Annehmen können, was immer aus deinem Inneren, deiner Seele, deinem Unterbewußtsein aufsteigt. Greife nicht in das Geschehen ein. Schalte die Außenwelt aus. Gedanken kommen und gehen. Die Beherrschung des Atems hilft der Konzentration, dem Sammeln geistiger Energien.

Äußere Bedingungen
- Nimm dir Zeit.
- Übe nicht mit vollem Magen.
- Such dir einen möglichst ruhigen Raum.
- Stell möglichst alle Störfaktoren ab.

Innere Bedingungen (Einstimmung)
- Fühl dich ganz bewußt.
- Fühl deinen Körper bewußt.
- Fühl dich «körperlich».
- Fühl dich «selbst-bewußt».
- Laß Spannung los.
- Konzentriere dich auf deinen Atem.
- Laß deinen Atem los, bis er ein Teil von dir ist.
- Denke und fühle: es atmet mich.
- Der Atem schwingt von deiner «Mitte» (Bauch) nach oben – beim Einatmen.
- Der Atem schwingt nach unten, zur Mitte zurück – beim Ausatmen.
- Der Atem strömt in Wellen durch deinen Körper.
- Der Atem gleicht einem Energiestrom, der durch deinen Körper fließt.
- Laß alles zu, was geschieht – laß los!
- Du bist ruhig und entspannt.

Eine Hilfe zur Konzentration ist es, den «inneren» Blick bei geschlossenen Augen auf die Stelle zwischen den Augenbrauen oberhalb der Nasenwurzel zu richten. Diese Stelle zwischen den Augenbrauen war in fernöstlichen Philosophien und Religionen der Sitz des «magischen» oder «spirituellen» Auges.

Habe viel Geduld. Es wird nicht alles beim ersten Mal vollkommen sein können.

Was geschieht mit deinem Körper?
- Der Puls beruhigt sich.
- Das Herz schlägt langsamer. *
- Die Atmung wird ruhiger und verlangsamt sich.
- Dein vegetatives Nervensystem schaltet auf Ruhe (Energiesparen) um.
- Dies wirkt sich positiv auf die Funktion deiner Körperorgane aus.
- Streß wird abgebaut.
- Im körperlich-seelischen Bereich kommt es zu einer tiefen Entspannung, Ruhe und Erholung.

Meditationshaltungen

Die «richtige» Meditationshaltung trägt entscheidend zum Erfolg einer Meditation bei. «Richtig» kann aber nur heißen, was persönlich für dich am vorteilhaftesten ist. Es kann und soll hierbei kein «Muß» geben.

Die ersten vier Meditationshaltungen sind Zugeständnisse an westliche – im Yogasitz ungeübte – Menschen.

---

* Die Frage, ob es bei solchen Übungen nicht zu einem Herzstillstand kommen kann, wird immer wieder gestellt. Davor brauchst du keine Angst zu haben, das ist ganz unmöglich.

Beim *Sitzen auf dem Stuhl* stellst du dir eine Achse vor, die von deinem Scheitel bis in den Boden geht, durch den ganzen Körper. Der Schwerpunkt liegt auf den beiden Beckenknochen. Der Rücken ist ganz gerade, ohne verspannt zu sein.

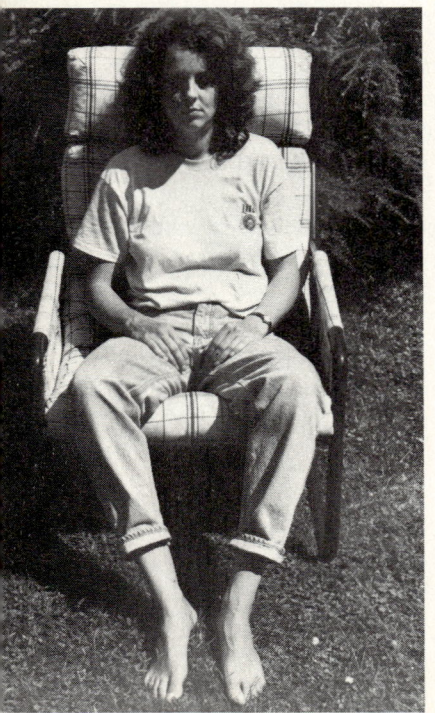

Das *Sitzen im Sessel* verführt zu einem zu lockeren Sitzen, ist aber zu Anfang für viele Übende eine Hilfe, sich zunächst einmal auf die «Innenschau» einzustellen. Denn wenn man mit seinen Muskeln und Gelenken zu viele «schmerzhafte» Probleme hat, können diese von der inneren Versenkung ablenken.

Das *Sitzen mit verschränkten Beinen auf einem Sessel* ohne Lehne kommt dem halben Lotussitz etwas näher. Wichtig ist aber auch hier, das Mittelmaß an Spannung und Entspannung zu finden.

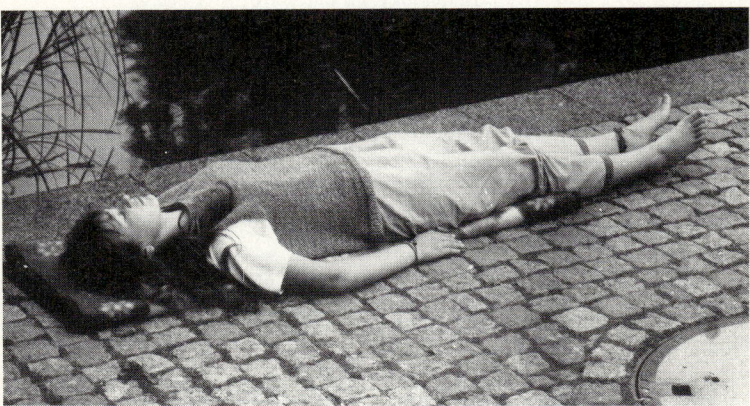

Das *Meditieren im Liegen* ist für denjenigen, der Autogenes Training gelernt hat, am leichtesten. Diese Lage ist ihm vertraut, in dieser hat er «Versenkungserlebnisse» schon ohne sein eigenes Zutun erfahren. Im Autogenen Training kommt es bei einigermaßen Geübten zu meditativen Zuständen, die nicht eigentlich beabsichtigt waren. Man nennt das auch die Oberstufe des Autogenen Trainings.

Die Gefahr beim Liegen ist, daß die Grenze zum Einschlafen leicht überschritten wird. Auch das Atem- und Wärmeerlebnis, der kreisförmige Atemstrom, ist in dieser Lage nicht so intensiv fühlbar.

Die folgenden Sitzhaltungen sind «traditionelle» Sitzhaltungen aus dem Yoga.

Das gerade, aufgerichtete Sitzen läßt eine optimale Atmung zu. Es ist die Haltung, die eutonisch (eu = gut, tonus = Spannung) die rechte Mitte zwischen Spannung und Entspannung findet. Eine zu entspannte, schlaffe oder zu angespannte Körperhaltung verhindert den «eutonischen» Zustand, der Gelöstsein und Aufgerichtetsein zugleich ist. Die Schultern hängen locker, das ganze Körpergewicht wird vom Becken aus getragen. Dieses gerade Sitzen stärkt die meist etwas schlaffe Rückenmuskulatur.

Für einen Menschen mit Rundrücken wird es anfangs schwer sein, so gerade zu sitzen. Er wird aber durch diese Übung seinen Rücken wieder in das «rechte Lot» bringen können. Eine aufrechte oder aufgerichtete Haltung bedeutet auch, besser durchatmen zu können, die Lunge kann sich im Brustkorb ausdehnen und mit jedem Atemzug mehr Luft aufnehmen. Durch die verschränkten Beine werden die Beinadern entlastet; auch das kommt der allgemeinen Entspannung zugute.

Die Hände werden entweder mit den Handinnenflächen nach oben auf die Knie gelegt; die «geöffnete» Hand kann so Energie aufnehmen. Oder aber man legt die Hände in den Schoß, die linke Hand liegt in der rechten, die Daumen berühren sich. Dies ist die traditionelle Haltung aus der Zen-Meditation.

Ich denke, jeder kann mit den verschiedenen Haltungen experimentieren und so herausfinden, was ihm gut tut. Dabei solltest du beachten, daß du möglichst jeden Tag zur gleichen Zeit und am gleichen Ort übst. Durch die ständige Wiederholung geschieht eine Form von «Konditionierung».

Der Schneidersitz.

Der Fersen-
oder ägyptische Sitz.
Ein Kissen, zwischen
Po und Füße gelegt,
erleichtert das Sitzen.

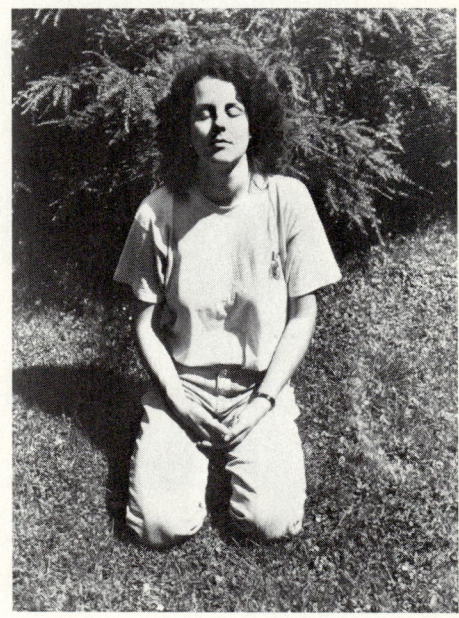

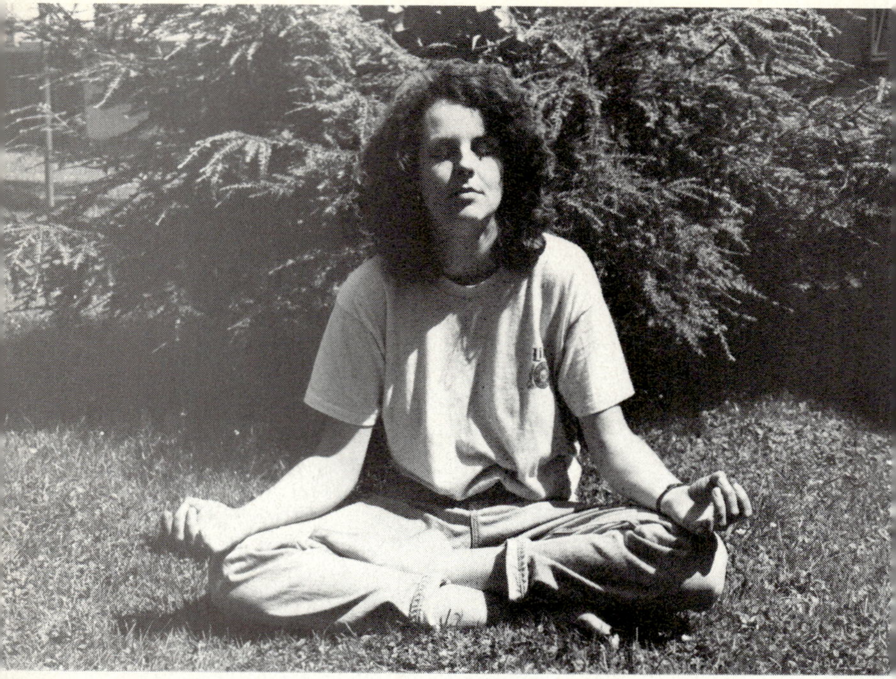

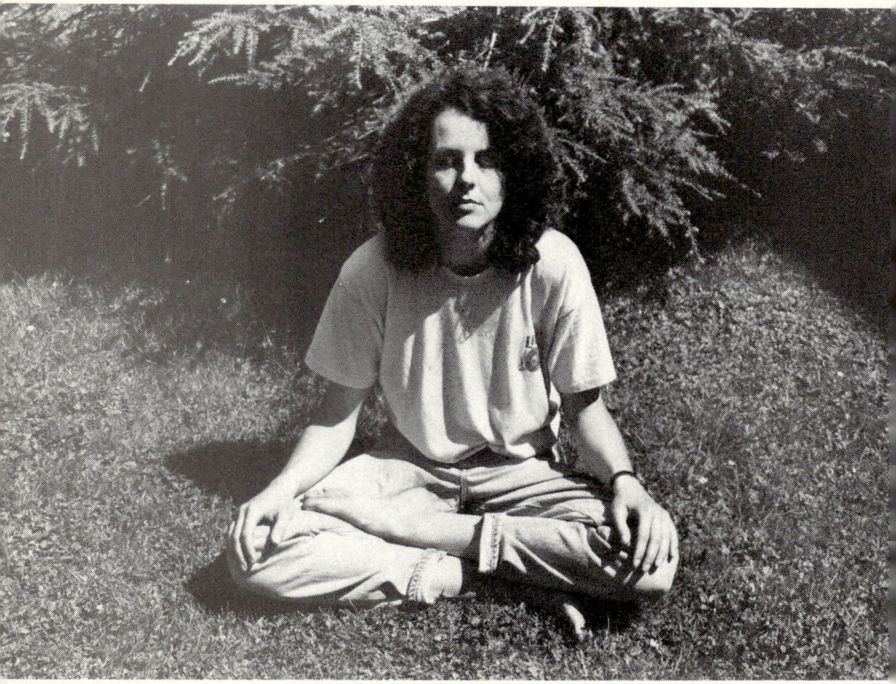

Der «halbe» Lotussitz.
Zu Anfang ist diese Haltung nur mit *einem* verschränkten Bein einfacher.

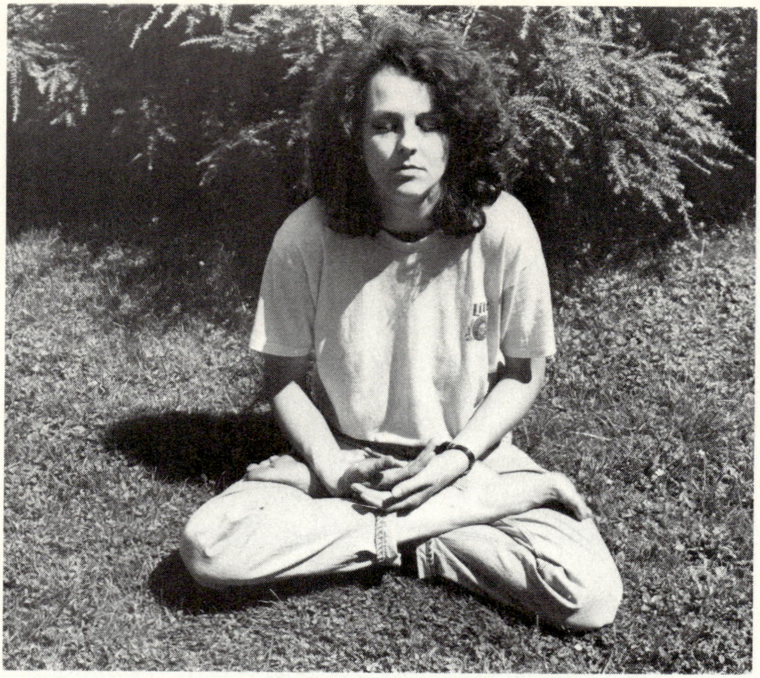

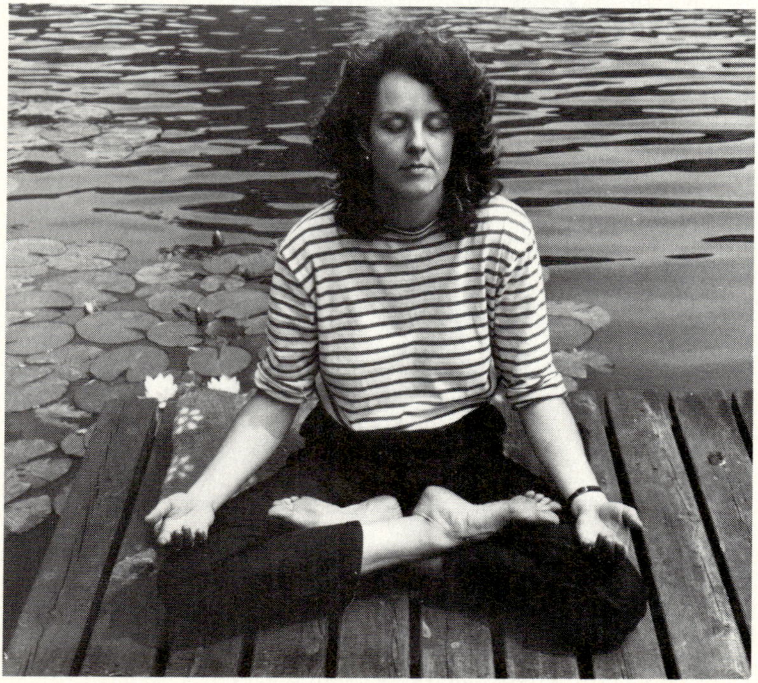

Der indische Lotussitz.
Dies ist der «klassische» Yoga-Sitz. Er bedarf einiger Übung.
Dabei nie etwas erzwingen wollen.

Meditationsübungen durch gelenkte Phantasien

Du beginnst generell mit der Einstimmung (siehe Seite 76 f)

1. Übung
Ruhe und Stille
Atem und Spannung loslassen.
Die «Außenwelt» ausschalten.
Du nimmst von «außen» nichts Störendes mehr wahr.
In dir ist Ruhe und Stille.
Nichts belastet dich oder stört dich.
Gedanken kommen und gehen.
Die Gedanken verschwinden ganz.
Du spürst Ruhe und Stille in dir.
Du bist Ruhe und Stille in einem.

Dies ist keineswegs eine leichte Übung, sondern eigentlich
die «Krönung» aller Meditationsübungen.
Da sie die wichtigste Übung ist,
stelle ich sie
trotzdem an den Anfang.
Zu Beginn der Übung können die Gedanken noch in deinem
Kopf herumschwirren, auch wenn du deinen Körper schon
entspannt fühlst.
Geduld ist hier die wichtigste Voraussetzung.
Sollte sich zu große Spannung beim Üben einstellen, breche
lieber einmal ab, und versuche es zu einer anderen
Zeit.
Die Ruhe läßt sich nicht erzwingen.
Wenn sich der erste «Erfolg» eingestellt hat, wird es dir große
Freude machen,
immer weiter zu üben.
Du wirst nicht mehr das Gefühl
von Pflichterfüllung haben, sondern
wirkliche Freude empfinden.
Die Ruhe und Stille zeigt dir viel von dem Reichtum
deines Inneren.
Mit dieser Übung lernst du (wieder) eine große Ruhe,
Gelassenheit und Stille in dir herzustellen.

2. Übung
OM–HA

Beim Einatmen «OM» denken (oder lautlos vor sich hinsummen).
Beim Ausatmen «HA» denken (oder lautlos vor sich hinsummen).
Solange wiederholen, bis der Versenkungszustand befriedigend erreicht ist.
Dieses «OM–HA» entspricht einem *Mantra*. Die *Mantra-Meditation*
hat ihren Ursprung im tibetanischen Buddhismus.
Mantras sind meist ein- oder zweisilbige Wörter, die keinen Sinn ergeben. Sie wirken durch das zweckfreie, ständige
Wiederholen auf einen tiefen Entspannungszustand ein. Durch
das konzentrierte Hinwenden auf das *Mantra* wird die Außenwelt leichter ausgeschaltet. Der Atem wird ruhiger und
gleichmäßiger. Der Atem geschieht «un-willkürlich»,
«es atmet mich».
Durch das Summen des *Mantras* entsteht eine Vibration,
die deinen ganzen Körper in feinste Schwingungen versetzt.

3. Übung
Atemkreis

Beim Einatmen schwingt der Atem aus der «Mitte» (Bauch)
nach oben – beim Ausatmen schwingt er zur Mitte zurück.
Beim Einatmen steigt der Atem nach oben und beim Ausatmen
kreisförmig
nach unten zurück.
Der Atemvorgang gleicht
einer Ellipse.
Der Atem schwingt kreisförmig – ohne Unterbrechung.

4. Übung
Ruhe als formelhafter Vorsatz

Das Wort «Ruhe» wird in den ganzen Atemvorgang
integriert.
Beim Einatmen – RU – denken, beim Ausatmen auf –HE –
ausschwingen
lassen.
Die ständige Wiederholung von *Ruhe* innerhalb des Atemablaufs
führt zur Beruhigung des Atems und zu einer tiefen
Entspannung.

Das Abschalten und Versenken wird erleichtert.
Der formelhafte Vorsatz *Ruhe* wird wie ein Code in das
abgesenkte Bewußtsein eingegeben, es gelangt in das Unterbewußtsein und wirkt von hier aus, um den gewünschten Zustand
zu erreichen.
Es ist auch eine Form der positiven Eigensuggestion.

5. Übung
Kerze
Du stellst eine brennende Kerze vor dich hin.
Du schaust so lange konzentriert in diese Kerze, bis dir
die Augen zufallen.
Vor deinem inneren (geistigen) Auge siehst du die Kerze
noch weiter vor dir.
Du schaust sie solange an, bis du vollkommene Ruhe und eine
tiefe *Leere* fühlst.

6. Übung
Blume
Du stellst dir eine Blume vor.
Sieh sie dir genau an – ihre Form und Farbe.
Wenn sie Blätter haben sollte, sieh dir auch deren Form
und Farbe an.
Vielleicht nimmst du einen Duft der Blume wahr.
Sieh dir die nähere Umgebung der Blume an.

7. Übung
Knospe
Du stellst dir eine geschlossene Knospe vor.
Sieh sie dir genau an.
Sie öffnet sich nun ganz langsam, im Zeitlupentempo.
Du siehst ihre Form und Farbe.
Lange schaust du sie dir an.

8. Übung
Baum
Du siehst einen Baum vor dir.
Sieh ihn dir genau an.
Du siehst seinen Stamm, die Rinde, die Äste.

Du siehst seine Wurzeln tief in der Erde.
Du siehst deren Verlauf.
Du fühlst auch deine «Verwurzelung».

9. Übung
Wiese
Du liegst auf einer Wiese.
Du fühlst das weiche, warme Gras unter dir.
Vielleicht riechst du den Duft des Grases.
Du nimmst alles um dich herum wahr.

10. Übung
Ährenfeld
Du sitzt am Waldrand.
Vor dir ist ein riesiges Kornfeld.
Du siehst, wie sich die Ähren im Wind sanft hin und
her bewegen.
Sie bilden große Wellen, die auf und ab schwingen.
Du spürst, wie sich dein Atem auf diese Wellenbewegung
einstellt.
Dein Atem schwingt mit hin und her – hin und her.

11. Übung
Feuer
Du sitzt an einem Feuer.
Du schaust in die Flammen, siehst ihre Formen, ihre Farben
ihre Bewegungen.
Du spürst die Wärme des Feuers.

12. Übung
Wellenschaukeln
Du liegst auf einer Luftmatratze auf einem sommerlich warmen
Meer.
Du bewegst dich leicht hin und her, den Wellen gleich,
dein Atem verbindet sich mit den Wellenbewegungen.
Das Auf und Ab der Wellen entspricht deinem Ein- und Ausatmen.

13. Übung
Parkbank
Du sitzt auf einer Bank in einem Park.
Vor dir, an einem Ast eines Busches, hängt ein Tautropfen.
Du siehst ihn dir an – dein Blick versinkt förmlich in
diesem Tropfen.

14. Übung
Sandstrand
Du liegst im warmen Sand an einem Strand.
Du fühlst den Sand warm und weich an deinem Körper.
Die Sonne scheint, du fühlst ihre Wärme.
Du hörst das Rauschen des Meeres.

15. Übung
Berggipfel
Du bist nach einer langen Wanderung auf einem
Berg angekommen.
Du bist müde und setzt dich hin.
Du siehst in die Ferne.
Du kannst sehr weit sehen.
Du kannst viel sehen.

16. Übung
Meer
Du sitzt am Meer.
Du siehst die Wellen anrollen und wieder wegtreiben.
Diese sich endlos wiederholende Bewegung fesselt deinen Blick.
Du siehst nur diese Bewegung der Wellen.

17. Übung
Von der Quelle zur Mündung
Du sitzt an der Quelle eines Baches.
Du stellst dir nun den weiteren Verlauf dieses Gewässers vor.
Du verfolgst in Gedanken seinen Lauf bis zur Mündung.

18. Übung
Katze
Du siehst eine junge Katze vor dir spielen.

Du siehst gebannt ihrem Spiel zu.
Vielleicht willst du mit ihr spielen.

19. Übung
Sonnenuntergang
Du siehst in der Ferne die Sonne vor dir.
Es ist früher Abend.
Ganz langsam neigt sich die Sonne.
Sie geht ganz langsam, im Zeitlupentempo, unter.
Du verfolgst diesen Vorgang.

20. Übung
Sonnenaufgang
Es ist früher Morgen.
Die Sonne geht langsam auf.
Du verfolgst diesen langsamen Vorgang.
Du siehst die Farbe der Sonne.

21. Übung
Im Zimmer
Du liegst in deinem Bett.
Dein Blick wandert langsam durch dein Zimmer.
Du schaust dir alles genau an.
Du nimmst alles intensiv wahr.
Was gefällt dir besonders?

22. Übung
Sternenhimmel
Es ist Nacht.
Du siehst den nachtblauen Himmel über dir.
Du siehst Sterne dort, unendlich viele.
Sie sind zunächst nur kleine Lichtpünktchen.
Sie werden größer, sie kommen scheinbar näher.
Du siehst jetzt unterschiedliche Formen und Farben.
Such dir deinen Lieblingsstern aus.

23. Übung
Wassertropfen
Du siehst einen Tropfen Wasser, der von irgendwo herunter fällt.

Immer wieder fällt ein neuer Tropfen.
Unendlich viele Tropfen fallen gleichmäßig und ruhig.

24. Übung
Schmetterling
Du siehst eine Raupe vor dir.
Du schaust sie dir genau an.
Langsam verfolgst du ihre Verwandlung in einen Schmetterling.

25. Übung
Vogelei
Du siehst ein Vogelei vor dir im Gras liegen.
Du siehst wie der Schnabel des Kükens von innen ein Loch hineinpickt.
Das Loch wird größer.
Ganz langsam öffnet sich das Ei, bis der junge Vogel
ausschlüpft.
Du siehst, wie er langsam größer wird.
Vielleicht fliegt er fort.

26. Übung
Vogel
Du siehst am Himmel einen großen Vogel kreisen.
Er zieht ruhig seine großen Kreise.
Dein Atem schwingt im Rhythmus seiner Flügel mit.
Vielleicht bist *du* der Vogel, der ganz frei dort fliegt.
Du fühlst dieses «Frei-sein» in dir.

27. Übung
Teekanne
Stell dir vor, du hältst eine Teekanne in deinen Händen,
eine dicke, runde, angenehm warme Teekanne.
Du fühlst jetzt das Material der Kanne, ihre Struktur.
Du «siehst» die Farbe der Kanne, ihre Form.
Vielleicht steigt dir der Duft des Tees in die Nase.
Du fühlst, wie die Wärme der Kanne durch deine Hände, Arme
zieht.
Dein ganzer Körper ist angenehm warm.
Du erinnerst dich vielleicht an Zeiten, Menschen, Situationen,
die mit der Teekanne zusammenhängen.

28. Übung
Punkt
Du stellst dir vor deinem inneren Auge einen
Punkt vor.
Der Punkt vergrößert sich langsam zu einem Kreis.
Der Kreis wird immer größer und größer.
Der Kreis umschließt dich, hüllt dich ein.
Du fühlst dich in diesem riesigen Kreis geborgen und wohl.
Du bist inmitten des Alls, ein Teil des Ganzen, der Unendlichkeit.

29. Übung
Eins
Die Zahl 1 ist das Symbol deiner körperlich-seelischen Einheit.
Du siehst eine große 1 vor dir.
Beim Einatmen siehst du die 1 groß vor dir.
Beim Ausatmen wird sie immer kleiner,
bis sie schließlich ganz verschwunden ist.
Wieder einatmen – die 1 erscheint und entfernt sich wieder mit dem
Ausatmen.
Diesen Vorgang beliebig oft wiederholen, bis eine vollkommene
Versenkung und Ruhe erreicht ist.

30. Übung
Licht
Du siehst vor dir helles Licht.
Dein ganzer innerer Horizont ist erfüllt von hellem Licht.
Diese Helligkeit durchströmt deinen ganzen Körper,
dein ganzes *Ich*.
Du fühlst die Helligkeit und das Licht dich durchströmen.
Du bist das Licht.

31. Übung
Dunkler Gang
Du bist in einem dunklen, engen Gang.
Ganz dunkel ist es um dich herum.
Am Ende des Ganges siehst du eine Tür.
Du gehst ganz langsam durch den dunklen Gang auf diese Tür zu.
Du öffnest die Tür.
Dahinter ist eine unglaubliche Helligkeit.

Alles ist erfüllt von dieser Helligkeit.
Du stehst inmitten dieser Helle.
Sie umgibt dich.
Sie füllt dich aus.
Du fühlst, wie sie in dich eindringt.
Sie dringt durch deinen ganzen Körper, Geist und Seele.
Sie vertreibt alle Schatten.
Die Schatten fliehen aus Körper, Geist und Seele.
In dir ist nur Hell, ein strahlendes Hell.

32. Übung
Angst
Du stellst dir ein ganz scheußliches Tier vor.
Du läßt es vor deinem inneren Auge immer größer werden,
riesig groß, größer kann es bald nicht mehr werden.
Dann läßt du es wieder kleiner werden, immer kleiner,
bis es ganz winzig klein geworden ist.
Setz es auf deine Hand und betrachte es dir von allen Seiten,
dann laß es wieder wachsen, bis es eine annehmbare Größe erlangt hat,
mit der du umgehen kannst; vielleicht magst du mit ihm spielen.

Die gelenkte Phantasie «Angst» ist eine gute Übung, eigene Ängste zu
überprüfen, ob sie überhaupt dem *Anlaß angemessen* sind. Wir haben
oft Ängste, die so überaus groß sind, daß wir völlig die Hoffnung und
das Vertrauen zu uns selbst verlieren, sie jemals überwinden zu können.

Es gibt Ängste, die zum Überleben gehören. Wir haben Angst vor
dem Straßenverkehr, beim Klettern auf Bäume, Berge und vielem mehr.
Diese Angst motiviert uns zu einem überlegten Handeln. Es ist eine
rationale (verstandesmäßige) Angst. Es gibt aber auch eine irrationale
Angst. Eine Angst, die uns überfordert, obschon für «Außenstehende»
diese Angst nicht angemessen scheint. Objektiv ist sie bewältigbar, sub-
jektiv wollen wir schier verzweifeln.

Die Angst steht dann wie ein riesiggroßer Berg vor uns, den wir nicht zu
überwinden können glauben. Diese Angst lähmt uns und unsere Fähigkeit zum Handeln. Wir sind wie erstarrt, uns fehlt die nötige Phantasie,
Lösungsmöglichkeiten zu entwickeln.

Wir produzieren diese Angst oft selber. Das Spiel mit dem scheußlichen
Tier – symbolhaft für die Angst – zeigt, wie wir die «Angst» in den Griff
bekommen können, ihr die *Größe* zugestehen können, die ihr angemes-

sen ist. Ein 10jähriger Junge schien diese Übung ohne Erläuterung von mir instinktiv verstanden zu haben. Er lachte während der tiefen Entspannungsübung laut vor sich hin, danach war er wieder ganz ruhig. Als wir später gemeinsam die Übung besprachen, erzählte er, daß er seine Lehrerin auf seiner Hand gesehen hatte, die war ganz winzig klein. Als ich gesagt hatte, man solle das Tier wieder größer werden lassen, hatte er gedacht, nein, ich will, daß sie ganz klein bleibt.

Es wurde deutlich, daß im aktuellen Leben dieses Jungen die Lehrerin der größte Angstfaktor war. Er wollte sie klein lassen, die «Angst».

Er erzählte nach einigen Wochen, daß er seine übergroße Angst vor der Lehrerin verloren hätte. Immer, wenn die Angst wieder hochkommen wolle, sehe er sie in seiner Phantasie ganz klein auf seiner Hand, und dann ginge es ihm wieder besser. Sein Verhalten veränderte sich im Laufe dieser Entwicklung. Durch sein eigenes verändertes Verhalten reagierte auch seine Lehrerin anders. Die Situation hatte sich weitgehend «entspannt». Dies zeigte sich auch deutlich an seinen verbesserten schulischen Leistungen. Die Angst vor der Schule war nicht mehr so «riesiggroß».

Meditation mit «Sinn-Wörtern»

Du begibst dich in deine Meditationshaltung. Nach deiner «Einstimmung» in die Atmung und Ruhe «denkst» du dir ein dir passendes «Sinn-Wort». Überlaß dich nun deinen Gedanken und Gefühlen, die aus der Ruhe und Versenkung in dir aufsteigen. Sieh dir an, welche Bilder, Erinnerungen, Phantasien, welcher «Sinn» aus dem jeweiligen Sinn-Wort entstehen. Laß all deine Gedanken und Gefühle los, versuche nicht, dir etwas «bewußt» dabei vorstellen zu *wollen*.

Hier eine Auswahl von «Sinn-Wörtern», beliebig zu erweitern:

Wärme	Freundschaft	Freund
Ruhe	Zukunft	Freundin
Stille	Glauben	Sexualität
Geborgenheit	Jesus	Mut
Sicherheit	Gott	Freude
Vertrauen	Partnerschaft	Liebe
Treue	Mutter	
Angst	Vater	

Meditation
über deine Vergangenheit

1. Erinnere dich an ein schönes Erlebnis, das du hattest. Versuche,
deine Gefühle und Empfindungen wieder zu erleben.
2. Erinnere dich, als du als kleines Kind das erste Mal durch hohes
Sommergras gelaufen bist.
Versuche dich an deine Gefühle und Empfindungen zu erinnern. Erin-
nere dich an die Formen, Farben und Gerüche des Grases.
3. Erinnere dich an dein erstes Zusammentreffen mit anderen Kindern.
Was habt ihr gespielt?
Wie hast du dich gefühlt?
4. Erinnere dich an einen Geburtstag.
Wen siehst du bei dir?
Was hast du für Geschenke bekommen?
Wie hast du dich gefühlt?
5. Erinnere dich an ein Weihnachtsfest.
Wen siehst du bei dir?
Wie hast du dich gefühlt?
Wie sind deine Erinnerungen?
6. Erinnere dich an deinen ersten Schultag.
Versuch dich selbst zu sehen.
Was hattest du an?
Wie hast du dich gefühlt an diesem Tag?

Meditation
über deine Gegenwart

1. Es ist Morgen.
Gönn dir Zeit für eine Meditation vor dem Aufstehen.
Stell dir deinen Tag vor.
Überlege, wie du ihn verbringen willst.
Ordne deine Vorhaben nach ihrer Wichtigkeit, wie du sie siehst.
2. Es ist Abend,
die Zeit vor dem Einschlafen.
Laß den Tag noch einmal vor deinem inneren Auge ablaufen.
Überdenke, was alles geschehen war.
Schau dir an, was du nicht so gut fandest.

Schau dir an, was du gut fandest.

3. Stell dir eine Situation vor, in der du öfter «ausflippst».

Denke darüber nach, warum du da immer so wütend wirst.

Denke dir Möglichkeiten aus, wie du das nächste Mal reagieren kannst.

4. Du siehst vor deinem inneren Auge Menschen, die du magst.

Sie sitzen in einem Kreis um dich herum.

Du fühlst dich innerhalb dieses Kreises geborgen.

Du fühlst dich nicht allein.

5. Du siehst das Gesicht eines dir lieben Menschen vor dir.

Du siehst ihn dir genau an.

Dein Blick wandert über sein ganzes Gesicht.

Schau in seine Augen.

Was will er dir sagen?

Was willst du ihm sagen?

6. Du stellst dir ein Problem, das dich zur Zeit beschäftigt, vor.

Du stellst es neben dich ab.

Es steht neben dir.

Du gehst um es herum.

Du schaust es dir genau an.

Du schaust es dir von allen Seiten an.

7. Du bist ganz ruhig und tief entspannt.

Alle Gedanken sind vorübergezogen.

Du fühlst nur Ruhe in dir.

Du steigst nun noch tiefer in die Ruhe hinab.

Du steigst Stufe für Stufe tiefer in diese große Ruhe.

Mit jeder Stufe spürst du mehr Ruhe.

Am Ende aller Stufen bist du in einer ganz großen Ruhe.

8. Die große Ruhe

Am Ende aller Stufen bist du in einer ganz großen Ruhe.

Wenn du ganz tief unten angekommen bist, siehst du eine Tür vor dir.

Wenn du magst, öffnest du sie.

Schau dir alles an, was du dort vorfindest.

Meditation
über deine Zukunft

1. Denke an Dinge und Vorhaben, die du noch vor dir hast.
Es war so viel, was du tun wolltest.
Ordne alles in deinen Gedanken nach der Wichtigkeit.
Schiebe unwichtige Dinge beiseite.
Nimm dir vor, nicht zu viel tun zu wollen.
2. Konzentriere dich auf etwas, was du in nächster Zukunft unbedingt tun möchtest.
Was dir wichtig ist zu tun, auch wenn es in diesem Moment schwer zu realisieren ist.
3. Überlege dir, was du tun willst, um einem anderen Menschen eine große Freude zu machen.
4. Entwickle Phantasien, was du in einer Freundschaft ändern könntest, damit ihr euch besser versteht.
5. Gibt es etwas, was du immer wieder verdrängst, zurückschiebst?
Ist es etwas, was du eigentlich tun müßtest? Mit dem du dich auseinandersetzen müßtest?
Warum schiebst du es weg?
Denk darüber nach!

Meditation mit Musik

Über den therapeutischen Wert von Musik ist schon viel geschrieben worden. Musiktherapeut ist heute ein anerkannter Ausbildungsberuf. Jeder Mensch hat an sich schon die «therapeutische» Wirkung von Musik verspürt. Manche Musik wird als stimulierend und belebend, und manche als beruhigend erlebt. Man sucht sich in jeder Gemütsverfassung unbewußt die «passende» Musik aus. Wenn du traurig bist, kann Musik dich noch trauriger machen; sie kann dich aber auch aufmuntern.
Ich erinnere mich, daß eine meiner Töchter bei den schwierigsten Schulaufgaben «heiße» Musik laufen hatte. Ich konnte überhaupt nicht nachvollziehen, daß sie sich dabei auf die «Aufgabe» konzentrieren konnte. Es gab immer wieder darüber kleine Dispute, bis ich einsah, daß sie so «konditioniert» war, und trotzdem ordentliche Schulergebnisse erzielte.

Viele Menschen haben schon bei Musik meditiert, ohne sich dessen bewußt zu sein. Es «geschah» ganz einfach. Die Musik schaltete alle Außengedanken ab und vertiefte den Entspannungszustand. Die Bilder, die während der Musik «erschienen», waren meist sehr angenehm. «Bei der Musik flipp ich aus!» Diesen Ausspruch höre ich immer wieder von Jugendlichen in meinen Gruppen. Es ist eine Musik, die den Alltag mit all seinen Belastungen für eine Weile vergessen läßt. In dieser «Abschaltpause» können sie wieder Energie und Kraft für die zu bestehenden Aufgaben schöpfen.

Diesen meist mehr unbewußten «therapeutischen» Effekt kann man zielgerichtet einsetzen. Man sucht sich eine Musik aus, die einem besonders gut gefällt, in der man leicht «abschalten» kann. Im Sitzen oder Liegen kann man die *Einstiegshilfen* benutzen. Man kann ein Atemtraining, Autogenes Training oder Meditationsübungen «vorschalten». Sie verhelfen zu einem entspannten, gelösten Zustand, in dem die Musik ihre vertiefende, bewußtseinserweiternde Wirkung hat. Ich benutze dazu in meinen Gruppen und Seminaren elektronische Musik. Ihre psychedelische Wirkung ist beabsichtigt und entspricht meist dem Zeitempfinden der Jugendlichen. Ich kann mir aber sehr gut vorstellen, daß man mit «klassischer» Musik ebenso gute Erfolge erzielen wird. Orgelmusik oder Panflöte sind ebenfalls beliebt. Auch hier zählt: Gut ist das, was gefällt.

Die meisten Jugendlichen haben einen Kassettenrecorder, und es ist leicht, eine Kassette so zu bespielen, daß am Ende das Musikstück automatisch abgeschaltet wird. Die nachfolgende, weiter- und tiefergehende Versenkung wird solange genossen, bis das Tagesbewußtsein sich von alleine wieder einschaltet.

Die Erlebnisse und Wahrnehmungen während der Musik-Meditation kann man malen oder beschreiben. Es können sich daraus interessante «Zustandsbeschreibungen» ergeben, die den jeweiligen Seelenzustand «festhalten».

Meditation mit Musik und Ton

Die oben beschriebene Musikmeditation kann man mit einer kreativen, bildnerischen Gestaltung verbinden. Man besorgt sich vor der Meditation Ton. Es gibt nun mehrere Möglichkeiten, mit dem Ton umzugehen. Einmal nimmt man während der Musik den Ton in die Hände. Man «spielt» mit ihm, ohne jeden «Zweck». Man fühlt ihn, tastet ihn, nimmt intensiven Kontakt mit dem Material Ton auf. Man läßt die Hände einfach «tun», was aus dem eigenen Inneren heraufkommt. Die Hände «gestalten» ohne einen praktischen Zweck. Wichtig ist nur, daß man nicht mit seinem Verstand «eingreift». Man läßt sein Inneres, sein Unbewußtes «gestalten». Dies alles geschieht mit *geschlossenen Augen*. Das ist wichtig.

Das «Ergebnis» kann man sich selbst deuten. Es sagt viel über die innere Befindlichkeit aus und einiges über das Unbewußte. Aber auch mit der Deutung sollte man nur «spielerisch» umgehen.

Eine andere Möglichkeit mit Musik und Ton zu spielen: Du formst dir aus Ton eine Platte, etwa 25 mal 25 Zentimeter groß. Die legst du neben dich auf den Boden. Nachdem du nach Musik meditiert hast, formst du deine Gefühle und Erlebnisse in die Tonplatte ein. Die Platte kann aber auch zu einem Klumpen Ton zurückverwandelt werden, aus dem alles Erdenkliche geformt und gestaltet werden kann. Manche «Tonmusikerlebnisse» können auch gebrannt werden.

Bei der Meditation mit Ton solltest du dir ein feuchtes Tuch bereitlegen, um den Ton immer wieder anzufeuchten. Er muß geschmeidig bleiben.

Meditation mit Musik und Tanz

Tanz ist ein gutes Medium, um Gefühle auszudrücken, Freude zu zeigen und Spannungen abzubauen. Aber im Tanzen können wir auch bewußtseinserweiternde Erfahrungen machen. Naturvölker benutzen das rituelle Tanzen, um in Trance zu fallen und ekstatische, orgiastische oder auch spirituelle Erlebnisse zu finden. Medizinmänner in Afrika bekommen während des spirituellen Tanzens «Botschaften», Weisungen zur Behandlung ihrer Patienten.

Über die «tanzenden Derwische» haben wir gehört. Sie «tanzen» nach einer für uns recht fremden, monotonen Musik oft Tage. Die körperliche, physische Kondition wird durch die geistige, spirituelle Versenkung verstärkt. Ähnliches erleben wir, wenn wir nach einer Musik für uns und mit uns selber tanzen und dabei alle «gelernten» Tanzhaltungen und -schritte vergessen.

Wir «hören» nur die Musik und setzen diese nach unseren Gefühlen und Empfindungen in Bewegungen um, die nicht im strengen Sinne «tänzerisch» sind. Es gibt keine Bewertungen von «schön», «richtig» oder «ästhetisch». Auch hier gilt nur das, was wir fühlen und empfinden und in Bewegungen umsetzen wollen.

Baummeditation mit Musik

Für diese Meditation wähle ich meist von Santana: «Samba Pa Ti».
Du stellst dir vor, ein Baum zu sein. Irgend einer, der dir spontan einfällt. Deine Arme sind die Äste des Baumes, die sich nach der Musik bewegen. Die Musik wird in die Baumbewegung umgesetzt. Der Baum ist beweglich, auch die Äste sind nicht statisch. Die Musik vermittelt Wind, Regen, Sturm und anderes mehr. Es gilt nur, das «Wollen» auszuschalten. Nicht Baum sein «wollen», sondern nur «sein».
Es ist erstaunlich, wie intensiv dieses «Baumsein» gefühlt werden kann.

Bildmeditation

Du suchst dir ein Bild aus, das für dich einen beruhigenden Bildinhalt hat. Du legst es vor dich hin, schaust es lange und intensiv an. Solange, bis deine Augen zufallen wollen. Du wirst das Bild noch eine Weile vor deinem inneren Auge sehen; achte dann auf die «eigenen» Bilder, Gefühle und Empfindungen, die sich einstellen werden.
Nach der Meditation, nach der Versenkung, schaust du dir das Bild noch einmal an, und du «siehst» das Bild vielleicht anders als vorher. Du siehst es nun mit «anderen Augen».

Miteinander meditieren –
über den Sinn einer Gruppenmeditation

Meditation in der Gruppe ist für die meisten ein beeindruckendes Erlebnis. Solch ein Gruppenerlebnis kann zu einem neuen Gruppenbewußtsein und -verhalten führen. Die einzelnen Individuen der Gruppe kommen sich näher, erleben sich im «wir». Man nimmt den anderen vielleicht erstmalig wirklich «wahr»; diese Anteilnahme am anderen schafft ein gutes emotionales Klima. Durch die gegenseitige Schilderung der Erlebnisse und Wahrnehmungen während der Meditation erlebt man sich und den anderen neu und intensiver. Die Energie des Einzelnen fließt mit der der anderen zu einem spürbaren Energiestrom zusammen. Diese Energie kann zu einer wahren Kraftquelle für die ganze Gruppe werden.

Solche gemeinsame Übungen sind heute besonders wichtig geworden, da die Vereinzelung und Vereinsamung nicht nur ein Problem der Erwachsenen ist. Die Vertrautheit, das Gefühl der Gemeinsamkeit, das durch die Meditationen in der Gruppe entsteht, ist nicht nur ein persönlicher Gewinn, sondern fördert auch das Interesse am anderen, am «Nächsten».

Ein weiterer gruppendynamischer Aspekt ist die Rückmeldung der anderen auf dein Verhalten. Es löst «blinde Flecken» auf, die dir den Umgang mit anderen erschweren. Dein eigenes Verhalten bestimmt die Reaktion der anderen. Je mehr du von dir selber weißt, von deinem Verhalten anderen gegenüber, desto größer ist die Chance, dein Verhalten zu ändern. Dieses Feed-back (Rückmeldung) hilft, die Eigenwahrnehmung zu schärfen. Du wirst dir deiner bewußter und sensibler, auch anderen gegenüber.

Das Klima des Vertrauens erleichtert es, sich in Gruppensituationen sicher und offen zu verhalten. Das Sprechen über die Erlebnisse und Erfahrungen während und nach der Meditation baut Ängste ab. Diese Erfahrung, in einer Gruppe angstfrei reden zu können, hat einen großen Wert. Dieses positive, das Selbstbewußtsein stärkende Erlebnis wird in den weiteren Alltag übertragbar. Das Interesse und Mitgefühl am «anderen» wird so weiterentwickelt und verstärkt. Gerade hieran mangelt es in der heutigen Zeit. Menschen leben oft aneinander vorbei. Dabei sehnt sich jeder nach Liebe und Wärme.

Es ist eine gute Schulung, durch die Hilfe der Gruppe über seine Gefühle auch sich selbst gegenüber klarer zu werden und auch darüber sprechen zu können, ohne befürchten zu müssen, abgelehnt zu werden. In menschlichen Beziehungen wird zuwenig über die eigenen Gefühle und Wünsche gesprochen. Diese Offenheit muß oft erst gelernt und trainiert werden. Wir bekommen diese wichtige Fähigkeit, leider nur selten in der Erziehung vermittelt. Die Fähigkeit, sich selbst-bewußt wahrzunehmen, ist eine große Lebenshilfe. Denn meist verhalten wir uns so, wie wir meinen uns verhalten zu müssen, wie eben andere das von uns erwarten. Wir sind nicht wir selbst, sondern die Summe der Bilder, die sich andere von uns machen. Diese Diskrepanz zwischen Selbst- und Fremdwahrnehmung schafft große Probleme im zwischenmenschlichen Bereich.

Was ist bei der Gruppenmeditation zu beachten?

Es ist von keiner großen Bedeutung, wie eine Gruppe geführt wird, ob es also einen Leiter gibt oder die Gruppe sich selbstbestimmt. Wichtig ist nur, daß alle dazu beitragen, daß ein Klima entstehen kann, in dem sich alle wohl fühlen und sich auch angenommen und geborgen fühlen können.

Das gemeinsame Gespräch über die Erfahrungen während der Meditation ist ein wesentlicher Bestandteil der Gruppenarbeit. Jeder muß seine Chance bekommen, ohne Angst über seine Erlebnisse sprechen zu können. Weitere Informationen, die über die Eigenwahrnehmung hinausgehen, kann jedes Mitglied der Gruppe erfragen. Die Grenze, wie weit sich jemand öffnen will und kann, setzt jedes Gruppenmitglied selbst. Diese Grenze muß in jedem Falle respektiert werden.

Die Erfahrungen, die alle gemacht haben, können gemeinsam kreativ verarbeitet werden, können gemalt, pantomimisch dargestellt oder mit Ton plastisch gestaltet werden.

Einige Meditationsübungen eignen sich besonders gut für ein gemeinsames Bild oder eine Collage; die Materialien sollten vorher bereitgestellt sein. Solche gemeinsamen Arbeiten vertiefen das Gruppenerlebnis.

Die Dynamik in der Gruppe ist wichtig für das Gelingen einer befriedigenden Meditation. Sie kann ein positiver Verstärker sein. Bei Störungen innerhalb des Gruppengeschehens sollte versucht werden, die Störfaktoren zu analysieren. Wenn sich zeigt, daß ein Gruppenmitglied einen vielleicht unbewußten Widerstand leistet, die Meditation oder auch die Gruppe ablehnt, so verbirgt sich hinter diesem Verhalten oft ein besonders empfindsames Wesen, das Angst hat, von der Gruppe nicht anerkannt zu sein oder nicht «geliebt» zu werden. Diese Angst schleppt es aus seiner frühen Kindheit mit sich herum. Diese Angst wird auf jede neue Situation «übertragen». Hier kann die Gruppe eine wichtige erzieherische und sozial-integrative Aufgabe übernehmen.

Der Gruppenleiter oder ein Gruppenmitglied bleibt zunächst im Wach- oder Tagesbewußtsein. Er spricht der Gruppe die Impulse oder Bilder zur Meditation vor. Danach kann er sich mit einstimmen und selbst meditieren.

Eine Meditation kann auf mehrere Arten beendet werden:

- Jedes Gruppenmitglied bestimmt für sich selbst, wann es mit der Meditation aufhören will, unabhängig, was um es herum geschieht.
- Der «Sprecher» sagt nach einer guten Weile: «Ihr kommt jetzt wieder langsam zum Hier und Jetzt» und beendet damit die Meditation.

Nach jeder Meditation kann die *Zurücknahme* (siehe Seite 45) vorgenommen werden.

Übungen

1. Vorschlag
Energiekreis
Alle liegen oder sitzen in einem Kreis und fassen sich an den Händen, so, daß die Hände und Arme sich bequem erreichen.
Einstimmung (Seite 76 f).
Ihr spürt, wie von eurem rechten Nachbar Wärme und Energie in eure rechte Hand strömt.
Diese Energie strömt durch euren ganzen Körper, und ihr gebt sie eurem linken Nachbar in seine Hand weiter.
Immer wieder bekommt ihr von rechts Wärme und Energie und gebt sie nach links weiter.
Ihr spürt, wie ein Energiekreis durch die ganze Gruppe strömt.

2. Vorschlag
Fliegender Teppich
Im Kreis liegen oder sitzen.
Einstimmung (Seite 76 f).
Stellt euch vor, ihr sitzt auf einem fliegenden Teppich.
Ihr spürt, wie er von der Erde abhebt und fliegt.
Denkt euch aus, was ihr alles unter euch sehen werdet.
Berichtet anschließend von eurer gemeinsamen Reise.
(Abb. nächste Seite)

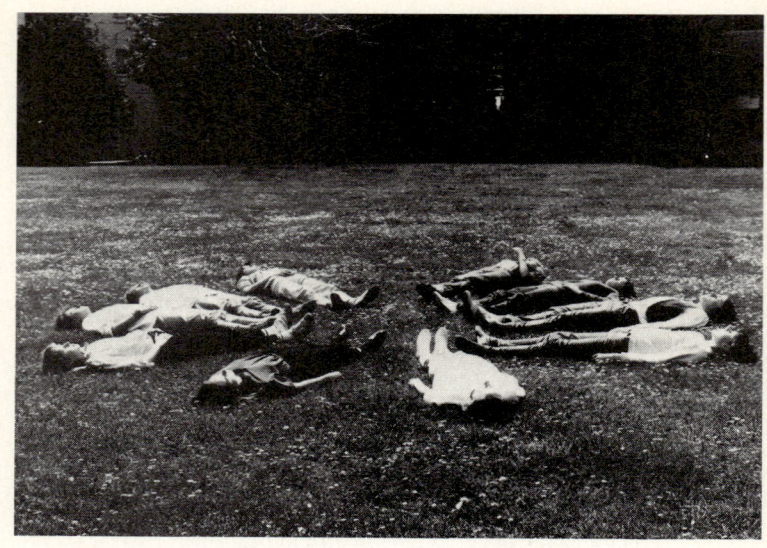

3. Vorschlag
Stern
Im Kreis liegen oder sitzen.
Einstimmung (Seite 76 f).
Stellt euch vor, ihr seid alle zusammen ein großer Stern.
Ihr fliegt zum Himmel.
Ihr bewegt euch zwischen vielen anderen Sternen.
Ihr seht deren Formen und Farben.
Ihr fühlt euch als ein besonders schöner Stern.

4. Vorschlag
Unterseeboot
Im Kreis liegen oder sitzen.
Einstimmung (Seite 76 f).
Stellt euch vor, ihr seid in einem gläsernen Unterseeboot.
Es gleitet sacht in die Tiefe.
Es schwebt förmlich durch das Wasser.
Ihr beobachtet alles, was ihr aus dem gläsernen Fenster seht.
Ihr seht viele interessante Dinge.

5. Vorschlag
Ballonreise
Im Kreis liegen oder sitzen.
Einstimmung (Seite 76 f).
Stellt euch vor, ihr seid alle zusammen in einem großen Ballon.
Er steigt langsam auf und schwebt lautlos durch die Luft.
Ihr seht die Welt unter euch ganz klein werden.
Der Himmel über euch ist unendlich.

6. Vorschlag
Licht
Im Kreis liegen oder sitzen.
Einstimmung (Seite 76 f).
Stellt euch vor, über eurem Kopf ist ein Wasserfall aus weißem Licht.
Der fließt durch euren Kopf – durch euren ganzen Körper.
Durch Gesicht, Nacken, Schultern, Arme, Hände, Rücken, Brustkorb in euer Herz.
In euren Bauch, eure Beine und Füße.
Euer ganzer Körper ist Teil dieses Wasserfalles aus weißem Licht.
Nun steht das Licht vor eurem magischen (spirituellen) Auge (der Punkt zwischen den Augenbrauen).
Das Licht ist in eurem Kopf.
Es strömt in euer Bewußtsein.
Fühlt, wie ihr eins werdet mit ihm.

7. Vorschlag
Spannungsfahnen
Im Kreis liegen oder sitzen.
Einstimmung (Seite 76 f).
Ihr fühlt, wie alle Spannung aus eurem Körper wegströmt.
Ihr seht diese Spannung wie Fahnen durch den Raum wehen, sie verschwinden, die Spannung löst sich auf.
Ihr seid vollkommen gelöst und entspannt.
Ihr fühlt euch ganz leicht, wie körperlos.
Ihr habt das Gefühl, über dem Boden zu schweben.
(Abb. nächste Seite)

8. Vorschlag
Blau
Im Kreis liegen oder sitzen.
Einstimmung (Seite 76 f).
Ihr seht vor eurem inneren Auge die Farbe Blau.
Diese Farbe hüllt euch förmlich ein.
Ihr fühlt dieses Blau wie einen schützenden Mantel um euch.
Ihr fühlt euch ganz geborgen; nichts Störendes dringt durch den Mantel.

9. Vorschlag
Meditation im Freien – Sternenlicht
Laßt euch bei dieser Übung viel Zeit.
Im Kreis liegen oder sitzen.
Einstimmung (Seite 76 f).
Stellt euch über eurem Kopf einen funkelnden Stern vor.
Stellt euch vor, daß Energiestrahlen vom funkelnden Licht des Sterns
ausströmen.
Alles, worauf das Licht trifft, wird erleuchtet.
Seht, wohin die Lichtstrahlen fallen.
Seht, wo der Lichtstrahl zuletzt hinfällt.
Schaut euch genau an, was er beleuchtet.

Außerdem:

Die auf Seite 144 f beschriebene *Musikmeditation mit Ton* kann auch zu einem Gruppenerlebnis gestaltet werden. Die Gruppe gestaltet gemeinsam mit dem Ton etwas, worin sich alle wiederfinden können.

Die *Baummeditation* (Seite 146) kann ebenfalls zu einem Gruppenerlebnis werden. Auf einem großen Bogen Papier (Tapetenreste) malt jeder seinen Baum und gibt der Gruppe seine persönlichen Empfindungen wieder.

Die *Bildmeditation* (Seite 146) ist auch in der Gruppe erlebbar. Die Erlebnisse der einzelnen Gruppenmitglieder werden zu einem großen Bild zusammengefügt. Hat man viele andere Materialien zur Verfügung, kann man eine Collage gestalten.

Wichtig bei jeder Gruppenmeditation ist das anschließende Gespräch über die gemachten Erfahrungen und Gefühle.

Alle Vorschläge können durch eigene Phantasien erweitert werden. Es sind subjektive Phantasien, die nur einen kleinen Bereich der eigenen Phantasie betreffen. Die Auswahl der Übungen wird die Gruppe nach der jeweiligen Stimmungslage und Befindlichkeit der Mehrzahl der Gruppenmitglieder treffen.

Meine sehr persönlichen Musikvorschläge

(Einzelstücke aus LPs der folgenden Komponisten und Interpreten)

Vangelis:	Heaven and Hell	RCA
	Greatest Hits	RCA
Klaus Schulze:	Trancefer	Innovation Comunication
Andreas Wollenweber:	Behind the Gardens, Behind the Wall, Behind the Trees	CBS
Peter Baumann:	Romance 76	Virgin (Ariola Vertrieb)
Georg Deuter:	Ecstasy	Kuckuck
Gheorge Zamfir:	Panflöte und Orgel	Disques Cellier
Irene Papas:	Odes	Polydor International
Pink Floyd:	Wish you were here Seite 1, Song: Shine on Crazy Diamonds; Seite 2, Song: Wish you were here	Pathe Marconi EMI
The Alan Parsons Project:	Tales of Mystery and Imaginations – Edgar Alan Poe Seite 1, Song: A Dream within A Dream	Fox Fanfare Music Inc. Woolfson Ltd.
	I Robot	EMI Electrola
Santana:	Greatest Hits Song: Samba Pa Ti	CBS
The Beatles:	Song: Something	EMI Electrola

Weitere Publikationen der Autorin:

Bücher:

Auf der Silberlichtstraße des Mondes. Autogenes Training mit Märchen zum Entspannen und Träumen. Frankfurt/M., 1985
Du fühlst die Wunder nur in dir. Autogenes Training und Meditation in Alltagsbeobachtungen und Haikus. Frankfurt/M., 1993
Wege in der Wintersonne. Autogenes Training in Reiseimpressionen. Frankfurt/M., 1993
Träumen auf der Mondschaukel. Autogenes Training mit Märchen und Gute-Nacht-Geschichten. München, 1993
Inseln der Ruhe. Ein neuer Weg zum Autogenen Training für Kinder und Erwachsene. München, 1994

Toncassetten:

Träumen auf der Mondschaukel. München, 1993
Die kleine Wolke. München, 1994
Inseln der Ruhe. München, 1995
Oasen im Alltag. Jahreszeitmeditationen. Freiburg, 1995
Fit fürs Fahren – Entspannt, vital am Steuer. München, 1994

Ratgeber für den Umgang
mit Kindern im Alltag –
Entwicklung, Gesundheit,
Alternative Heilmethoden.

Gisela Brehmer
**Aus der Praxis einer
Kinderärztin** *Entwicklung –
Vollwert-Ernährung –
Erste Hilfe im akuten
Krankheitsfall – Alternative Heilmethoden*
(rororo sachbuch 8388)

Gela Brüggebors
Körperspiele für die Seele
312mal Bewegung, Entspannung, Energie, Anregung zur Psychosomatik
(rororo sachbuch 8526)

Peter J. Fischer
**Allergien bei Kindern und
Jugendlichen** *Vorbeugen,
erkennen, heilen*
(rororo sachbuch 60206)

Sabine Friedrich /
Volker Friebel
Entspannung für Kinder
Übungen zur Konzentration und gegen Ängste
(rororo sachbuch 9397)

Tilo Grüttner
Helfen bei Legasthenie
*Verstehen und üben.
Geschichten*
(rororo sachbuch 8326)

Bettina Hannsz
Kinder mögen Yoga *Entspannung für Körper und Seele*
(rororo sachbuch 9130)

Hans-Dieter Kempf /
Jürgen Fischer
Rückenschule für Kinder
*Haltungsschwächen
korrigieren, Haltungsschäden vorbeugen*
(rororo sachbuch 9338)

WALTER KÖSTER

Erfahrungen und Rezepte eines
praktischen Arztes

KRANKE KINDER
HOMÖOPATHISCH
HEILEN

MIT KINDERN / LEBEN

roro

Walter Köster
**Kranke Kinder homöopathisch
heilen** *Erfahrungen und
Rezepte eines praktischen
Arztes*
(rororo sachbuch 60151)

Petra Lange
Hausmittel für Kinder *Naturgemäß vorbeugen und
heilen*
(rororo sachbuch 8384)

Manfred Link /
Emil Wieczorek
**Psychische Störungen bei
Kindern** *Verstehen und
helfen*
(rororo sachbuch 9537)

Christian Mohr
Neurodermitis-Kinder *Den
Alltag meistern*
(rororo sachbuch 9539)

R. Voß / R. Wirtz
**Keine Pillen für den
Zappelphilipp** *Alternativen im
Umgang mit unruhigen
Kindern*
(rororo sachbuch 8431)

Raymond Avery Moody wurde am 30. Juni 1944 in Porterdale in Georgia geboren. Seinen medizinischen Doktortitel erwarb er 1976 am Medical College of Georgia in Augusta, arbeitete anschließend als Assistenzarzt an der University of Virginia Medical School. Von 1983 bis 1985 war Dr. Moody Forensic Psychiatrist am Central State Hospital in Georgia. Seitdem arbeitet er als niedergelassener Psychiater in eigener Praxis und lehrt zugleich als Associate Professor of Psychology am West Georgia College in Carrollton.
Paul Perry ist Chefredakteur des «American Health Magazine» und Dozent am Gammett Center for Media Studies. Er ist Autor zahlreicher Artikel und mehrerer Bücher über medizinische Themen.

Dr. Raymond A. Moody

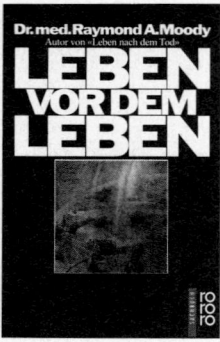

Dr. med. Raymond A. Moody
Autor von «Leben nach dem Tod»

LEBEN VOR DEM LEBEN

roro

Dr. Raymond A. Moody
150 Menschen, die einmal im medizinischen Sinne gestorben waren und doch überlebt haben, berichten über ihr
Leben nach dem Tod *Die Erforschung einer unerklärlichen Erfahrung*
rororo sachbuch 60385
Wenn das Ich den Körper verläßt – was kommt danach? Dr. Moody hat jahrelang Berichte von Patienten gesammelt, die bereits klinisch tot waren, dann aber doch weitergelebt haben und nun von ihrer Erfahrung jenseits der Grenze berichten konnten.

Dr. Raymond A. Moody
Nachgedanken über das Leben nach dem Tod
rororo sachbuch 60386

Dr. Raymond A. Moody /
Paul Perry
Das Licht von drüben *Neue Fragen und Antworten*
rororo sachbuch 60387
Welche Auswirkungen hatte die Todesnähe-Erfahrung auf das spätere Leben der Betroffenen? Welche ärztlichen, rechtlichen und ethischen Folgen ergeben sich aus dem vom sterblichen Körper unabhängigen geistigen Erleben im Grenzbereich?

Dr. Raymond A. Moody /
Paul Perry
Leben vor dem Leben
rororo sachbuch 60388
Haben wir vor unserem Leben schon einmal gelebt? Werden wir nach unserem Leben zu einem neuen Leben erwachen? Die Autoren vertiefen sich in die Fragen von Seelenwanderung, Wiedergeburt und Reinkarnation.

rororo sachbuch